पोर्ट टर्मिनल सिस्टम - कन्वेयर और उपकरण रखरखाव

PORT TERMINALS SYSTEM- CONVEYOR & EQUIPMENT MAINTENANCE

HINDI EDTION

लेखक: संजीवन सैनी, 2024

While every precaution has been taken in the preparation of this book, the publisher assumes no responsibility for errors or omissions, or for damages resulting from the use of the information contained herein.

पोर्ट टर्मिनल सिस्टम - कन्वेयर और उपकरण रखरखाव

(PORT TERMINALS SYSTEM- CONVEYOR & EQUIPMENT MAINTENANCE)

Written by SANJIVAN SAINI

"पोर्ट टर्मिनल सिस्टम - कन्वेयर और उपकरण रखरखाव" पोर्ट टर्मिनलों में कन्वेयर और उपकरणों के कुशल संचालन के लिए आवश्यक रखरखाव प्रथाओं और तकनीकों के लिए एक व्यापक मार्गदर्शिका प्रदान करता है। यह पुस्तक बंदरगाह संचालन के संदर्भ में कन्वेयर और उपकरण रखरखाव के सिद्धांतों और सर्वोत्तम प्रथाओं को समझने में बंदरगाह पेशेवरों, रखरखाव कर्मियों और रसद पेशेवरों की सहायता के लिए डिज़ाइन की गई है। "पोर्ट टर्मिनल सिस्टम - कन्वेयर और उपकरण रखरखाव" एक महत्वपूर्ण संसाधन है जो पेशेवरों को पोर्ट टर्मिनलों की जीवन रेखा को बनाए रखने के लिए आवश्यक ज्ञान और उपकरणों से लैस करता है। संजीवन सैनी की विशेषज्ञता और उत्कृष्टता के प्रति समर्पण हर पृष्ठ पर चमकता है, जिससे यह पुस्तक लॉजिस्टिक्स और परिवहन की दुनिया में एक अमूल्य संपत्ति बन जाती है। चाहे आप उद्योग के अनुभवी हों या नवागंतुक, यह पुस्तक आपको पोर्ट टर्मिनल सिस्टम को बनाए रखने की चुनौतियों का सामना करने के लिए सशक्त बनाएगी, जिससे अंततः संचालन सुचारू होगा, डाउनटाइम कम होगा और लाभप्रदता बढ़ेगी।

1. **टर्मिनल ऑपरेशन**

2. **सामग्री प्रबंधन उपकरण**

3. **कंटेनर यार्ड**

4. **कन्वेयर**

5. **परिवहन - सूचनाएँ**

पुस्तक बंदरगाह टर्मिनलों में कुशल और विश्वसनीय कन्वेयर और उपकरण संचालन के लिए नियमित रखरखाव और उन्नत प्रौद्योगिकियों को अपनाने के महत्व पर जोर देकर समाप्त होती है। यह सुरक्षा प्रथाओं,

दस्तावेज़ीकरण और रखरखाव प्रक्रियाओं में निरंतर सुधार के महत्व पर प्रकाश डालता है। इस पुस्तक में उल्लिखित सिद्धांतों और दिशानिर्देशों का पालन करके, बंदरगाह पेशेवर और रखरखाव कर्मी बंदरगाह टर्मिनलों में कन्वेयर सिस्टम और उपकरणों के प्रदर्शन, दीर्घायु और सुरक्षा को बढ़ा सकते हैं। वैश्विक व्यापार और वाणिज्य की तेज़ गति वाली दुनिया में, बंदरगाह टर्मिनलों की दक्षता माल के सुचारू प्रवाह को सुनिश्चित करने और आर्थिक स्थिरता बनाए रखने में महत्वपूर्ण भूमिका निभाती है। संजीवन सैनी द्वारा लिखित " पोर्ट टर्मिनल सिस्टम - कन्वेयर और उपकरण रखरखाव" एक व्यापक मार्गदर्शिका है जो किसी भी पोर्ट टर्मिनल के दिल - उसके कन्वेयर और उपकरण सिस्टम के प्रबंधन और रखरखाव के महत्वपूर्ण पहलुओं का खुलासा करती है।

क्षेत्र में दशकों के अनुभव के साथ एक अनुभवी विशेषज्ञ के रूप में, संजीवन सैनी इस आवश्यक संदर्भ पुस्तक में ज्ञान और व्यावहारिक अंतर्दृष्टि का खजाना लेकर आते हैं। पोर्ट टर्मिनलों को, उनकी जटिल मशीनरी और उच्च-मांग वाले संचालन के साथ, डाउनटाइम को कम करने, सुरक्षा सुनिश्चित करने और उत्पादकता को अधिकतम करने के लिए सावधानीपूर्वक रखरखाव की आवश्यकता होती है। यह पुस्तक बंदरगाह टर्मिनल प्रबंधकों, रखरखाव कर्मियों, इंजीनियरों और रसद और परिवहन उद्योग में शामिल किसी भी व्यक्ति के लिए एक अनिवार्य संसाधन के रूप में कार्य करती है।

विषयसूची

5.12 बंदरगाहों से बाहर आने के लिए सरकारी प्रक्रिया और सुरक्षित परिवहन के लिए आवश्यक दस्तावेज़ (GOVT PROCEDURE FOR COMING OUT FROM PORTS AND DOCUMENTS REQUIRED FOR SAFE TRANSPORT): _______________________________ 117

यूनिट-1 टर्मिनल ऑपरेशन

सीखने का उद्देश्य

❖ टर्मिनल ऑपरेशन की अवधारणा को समझें।

❖ टर्मिनल ऑपरेशन की विशेषताओं को जानें।

❖ टर्मिनल संचालन और बंदरगाहों के कार्यों को समझाइये।

❖ टर्मिनल ऑपरेशन के दायरे को परिभाषित करें।

❖ बंदरगाहों के लाभ और सीमाओं को पहचानें।

❖ बंदरगाह टर्मिनलों के अवसरों और चुनौतियों की पहचान करें।

अंतर्वस्तु

❖ टर्मिनल

❖ टर्मिनल, बंदरगाह, प्रमुख बंदरगाह और छोटे बंदरगाह का अर्थ

❖ टर्मिनल संचालन

❖ पूर्वानुमान, इकाई और कारक (टीईयू), टर्मिनल का थ्रूपुट, जल पक्ष क्षेत्र और भूमि पक्ष क्षेत्र

❖ स्टैक का थ्रूपुट

❖ भंडारण क्षमता और तकनीकी प्रबंधन क्षमता

❖ डिज़ाइन प्रक्रिया

❖ लेआउट गणना, गेट क्षेत्र, कॉकपिट शीट और सामान्य समुद्री यार्ड उपकरण शीट

❖ कतारबद्ध सिद्धांत शीट, फ्लो शीट, सारांश शीट और यार्ड लेआउट शीट

1.1 टर्मिनल, टर्मिनल का अर्थ, बंदरगाह, प्रमुख बंदरगाह और छोटे बंदरगाह (Terminal , Meaning of Terminal, Ports, Major ports and Minor ports)

टर्मिनल:

टर्मिनल एक सुविधा या स्थान को संदर्भित करता है जहां माल या यात्रियों को परिवहन के विभिन्न तरीकों के बीच स्थानांतरित किया जाता है। यह विभिन्न परिवहन नेटवर्कों को जोड़ने, आगमन, प्रस्थान या स्थानांतरण के बिंदु के रूप में कार्य करता है।

टर्मिनलों को विशिष्ट उद्देश्यों के लिए विशेषीकृत किया जा सकता है, जैसे कंटेनर टर्मिनल, फ़ेरी टर्मिनल, हवाईअड्डा टर्मिनल या रेलवे टर्मिनल। वे कार्गो या यात्रियों की कुशल आवाजाही और प्रबंधन की सुविधा के लिए आवश्यक बुनियादी ढांचे, उपकरण और सेवाओं से लैस हैं।

टर्मिनल का अर्थ:

टर्मिनल एक निर्दिष्ट स्थान या सुविधा है जहां कार्गो या यात्रियों की उत्पत्ति, गंतव्य या स्थानांतरण होता है। यह परिवहन के विभिन्न तरीकों के बीच वस्तुओं या व्यक्तियों के आदान-प्रदान के लिए एक केंद्र के रूप में कार्य करता है।

बंदरगाह:

बंदरगाह समुद्र तट, नदियों या झीलों के किनारे स्थित सुविधाएं या स्थान हैं जो जहाजों को माल लोड करने और उतारने के साथ-साथ यात्रियों को चढ़ाने या उतारने के लिए बंदरगाह, गोदी या टर्मिनल प्रदान करते हैं। वे वैश्विक परिवहन नेटवर्क में आवश्यक नोड हैं और अंतर्राष्ट्रीय व्यापार और वाणिज्य में महत्वपूर्ण भूमिका निभाते हैं।

बंदरगाह विभिन्न प्रकार के जहाजों को समायोजित कर सकते हैं, जिनमें कंटेनर जहाज, थोक वाहक, टैंकर और यात्री जहाज शामिल हैं। वे आम तौर पर कार्गो

हैंडलिंग, सीमा शुल्क निकासी, भंडारण और समुद्री रसद जैसी कई प्रकार की सेवाएं प्रदान करते हैं।

प्रमुख बंदरगाह:

प्रमुख बंदरगाह, जिन्हें बंदरगाह या गेटवे बंदरगाह के रूप में भी जाना जाता है, बड़े और रणनीतिक रूप से महत्वपूर्ण बंदरगाह हैं जो महत्वपूर्ण मात्रा में समुद्री व्यापार और कार्गो को संभालते हैं। वे आम तौर पर प्रमुख तटीय शहरों में स्थित होते हैं और अंतर्राष्ट्रीय व्यापार के लिए प्रमुख प्रवेश और निकास बिंदु के रूप में कार्य करते हैं। प्रमुख बंदरगाहों के उदाहरणों में सिंगापुर का बंदरगाह, शंघाई का बंदरगाह और रॉटरडैम का बंदरगाह शामिल हैं।

छोटे बंदरगाह: छोटे बंदरगाह, जिन्हें द्वितीयक बंदरगाह या क्षेत्रीय बंदरगाह के रूप में भी जाना जाता है, छोटे बंदरगाह हैं जो प्रमुख बंदरगाहों की तुलना में अपेक्षाकृत कम मात्रा में कार्गो को संभालते हैं। वे आम तौर पर छोटे तटीय शहरों या क्षेत्रों में स्थित होते हैं और क्षेत्रीय या स्थानीय व्यापार जरूरतों को पूरा करते हैं। छोटे बंदरगाह छोटे बाजारों को जोड़ने और तटीय समुदायों की आर्थिक गतिविधियों का समर्थन करने में महत्वपूर्ण भूमिका निभाते हैं।

प्रमुख और छोटे बंदरगाहों के बीच अंतर क्षेत्रीय या राष्ट्रीय संदर्भों के आधार पर भिन्न हो सकता है, क्योंकि वर्गीकरण किसी विशेष क्षेत्र या देश के भीतर कार्गो मात्रा, बुनियादी ढांचे और आर्थिक महत्व जैसे कारकों से प्रभावित हो सकता है।

1.2 टर्मिनल ऑपरेशन, पूर्वानुमान, इकाई और कारक (टीईयू) (Terminal Operation , Forecast, Unit and Factor (TEU)

टर्मिनल ऑपरेशन:

टर्मिनल ऑपरेशन एक टर्मिनल पर की जाने वाली गतिविधियों और प्रक्रियाओं को संदर्भित करता है, जो जहाजों, ट्रेनों, ट्रकों और हवाई जहाज जैसे परिवहन

के विभिन्न तरीकों के लिए स्थानांतरण बिंदु के रूप में कार्य करता है। इसमें कार्गो की हैंडलिंग, भंडारण और आवाजाही के साथ-साथ संबंधित सेवाओं का प्रावधान भी शामिल है।

टर्मिनल संचालन में आम तौर पर निम्नलिखित कार्य शामिल होते हैं:

1. **कार्गो हैंडलिंग** : क्रेन, फोर्कलिफ्ट और कन्वेयर सिस्टम जैसे विशेष उपकरणों का उपयोग करके परिवहन जहाजों या वाहनों से कार्गो की लोडिंग और अनलोडिंग।

2. **भंडारण और भंडारण** : टर्मिनल परिसर के भीतर कार्गो का अस्थायी भंडारण, उचित सूची प्रबंधन और सुरक्षा सुनिश्चित करना।

3. **सीमा शुल्क और दस्तावेज़ीकरण** : निरीक्षण, दस्तावेज़ीकरण और आयात और निर्यात नियमों के अनुपालन सहित सीमा शुल्क निकासी प्रक्रियाओं को सुविधाजनक बनाना।

4. **टर्मिनल इंफ्रास्ट्रक्चर रखरखाव** : बर्थ, भंडारण क्षेत्र, सड़कों और अन्य सुविधाओं सहित टर्मिनल इंफ्रास्ट्रक्चर के उचित कामकाज और रखरखाव को सुनिश्चित करना।

5. **इंटरमॉडल कनेक्टिविटी** : परिवहन के विभिन्न तरीकों, जैसे जहाजों से ट्रकों या ट्रेनों के बीच कार्गो के निर्बाध हस्तांतरण की सुविधा प्रदान करना।

टर्मिनल समुद्री, वायु, रेल और सड़क सहित विभिन्न परिवहन क्षेत्रों में पाए जा सकते हैं। प्रत्येक टर्मिनल को विशिष्ट प्रकार के कार्गो को संभालने और संबंधित परिवहन मोड की आवश्यकताओं को समायोजित करने के लिए डिज़ाइन किया गया है।

पूर्वानुमान:

पूर्वानुमान का तात्पर्य ऐतिहासिक डेटा, सांख्यिकीय मॉडल और अन्य प्रासंगिक कारकों के आधार पर भविष्य की घटनाओं या रुझानों का अनुमान या भविष्यवाणी है। टर्मिनल संचालन के संदर्भ में, पूर्वानुमान योजना और निर्णय लेने की प्रक्रियाओं में महत्वपूर्ण भूमिका निभाता है। यह कार्गो हैंडलिंग, भंडारण क्षमता और परिवहन जैसी सेवाओं की अपेक्षित मांग का अनुमान लगाने में मदद करता है, जिससे टर्मिनलों को संसाधनों को प्रभावी ढंग से और कुशलता से आवंटित करने में सक्षम बनाया जाता है।

इकाई और कारक (टीईयू):

टीईयू का मतलब ट्वेंटी-फुट समतुल्य इकाई है, जो कार्गो क्षमता को मापने के लिए शिपिंग उद्योग में उपयोग की जाने वाली माप की एक मानक इकाई है। यह एक मानक शिपिंग कंटेनर के आकार का प्रतिनिधित्व करता है, जिसकी लंबाई आमतौर पर 20 फीट होती है। टीईयू का उपयोग कंटेनर जहाजों की मात्रा या क्षमता, टर्मिनल भंडारण और थ्रूपुट की गणना करने के लिए किया जाता है।

टर्मिनल का थ्रूपुट:

थ्रूपुट से तात्पर्य किसी विशिष्ट अवधि के भीतर टर्मिनल से गुजरने वाले कार्गो या सामान की कुल मात्रा से है, जिसे आमतौर पर वजन या मात्रा के संदर्भ में मापा जाता है। यह किसी टर्मिनल की परिचालन क्षमता और दक्षता का प्रतिनिधित्व करता है और इसके प्रदर्शन का मूल्यांकन करने में एक प्रमुख प्रदर्शन संकेतक है।

जल-तटीय क्षेत्र:

किसी टर्मिनल का जल-पक्ष क्षेत्र टर्मिनल के उस हिस्से को संदर्भित करता है जो सीधे पानी से सटा होता है, जैसे बंदरगाह, बंदरगाह बेसिन या तटवर्ती क्षेत्र। यह आमतौर पर वह जगह है जहां जहाज लोडिंग और अनलोडिंग कार्यों के लिए रुकते हैं। जल-किनारे के क्षेत्र बर्थ, पियर्स, क्वे और जहाज संचालन और कार्गो संचालन के लिए आवश्यक अन्य बुनियादी ढांचे से सुसज्जित हैं।

भूमि-किनारे क्षेत्र:

किसी टर्मिनल का भूमि-पक्ष क्षेत्र टर्मिनल के उस हिस्से को संदर्भित करता है जो पानी से दूर, भूमि पर स्थित है। इसमें भंडारण यार्ड, गोदाम, कंटेनर यार्ड, ट्रकिंग और रेल सुविधाएं, प्रशासनिक भवन और कार्गो हैंडलिंग, भंडारण और अंतर्देशीय परिवहन के लिए आवश्यक अन्य बुनियादी ढांचे जैसी सुविधाएं शामिल हैं।

स्टैक का थ्रूपुट:

स्टैक का थ्रूपुट उस दर को संदर्भित करता है जिस पर कंटेनर या कार्गो को टर्मिनल के भीतर कंटेनर स्टैकिंग क्षेत्र के अंदर और बाहर ले जाया जाता है। यह टर्मिनल के कंटेनर भंडारण और पुनर्प्राप्ति संचालन की दक्षता और क्षमता का प्रतिनिधित्व करता है। सुचारू कार्गो प्रवाह सुनिश्चित करने और कंटेनर हैंडलिंग में देरी को कम करने के लिए स्टैक का थ्रूपुट एक महत्वपूर्ण कारक है। यह उपकरण उपलब्धता, यार्ड प्रबंधन प्रणाली और परिचालन प्रक्रियाओं जैसे कारकों से प्रभावित होता है।

1.3 भंडारण क्षमता और तकनीकी प्रबंधन क्षमता (Storage capacity and Technical handling capacity)

भंडारण क्षमता:

भंडारण क्षमता से तात्पर्य माल या कार्गो की अधिकतम मात्रा से है जो एक भंडारण सुविधा, जैसे गोदाम या टर्मिनल, एक निश्चित समय में रख सकती है। इसे आम तौर पर संग्रहीत किए जा रहे सामान के प्रकार के आधार पर मात्रा, वजन या इकाइयों की संख्या के संदर्भ में मापा जाता है।

किसी सुविधा की भंडारण क्षमता विभिन्न कारकों द्वारा निर्धारित की जाती है, जिसमें उपलब्ध भौतिक स्थान, सुविधा का लेआउट और डिज़ाइन, उपयोग किए गए भंडारण उपकरण का प्रकार और कुछ प्रकार के सामानों के भंडारण के

लिए कोई विशिष्ट आवश्यकताएं (उदाहरण के लिए, तापमान-नियंत्रित भंडारण) शामिल हैं। नाशवान वस्तुओं के लिए) स्थान उपयोग को अनुकूलित करने, उचित इन्वेंट्री प्रबंधन सुनिश्चित करने और ग्राहकों की मांगों को पूरा करने के लिए भंडारण क्षमता का प्रभावी प्रबंधन महत्वपूर्ण है।

तकनीकी प्रबंधन क्षमता:

तकनीकी हैंडलिंग क्षमता एक निश्चित समय अवधि के भीतर कार्गो की विशिष्ट मात्रा या थ्रूपुट को संभालने के लिए किसी टर्मिनल या सुविधा की क्षमता को संदर्भित करती है। इसमें माल को कुशलतापूर्वक और सुरक्षित रूप से संभालने के लिए आवश्यक उपकरण, मशीनरी, बुनियादी ढांचे और परिचालन प्रक्रियाएं शामिल हैं।

किसी टर्मिनल की तकनीकी हैंडलिंग क्षमता कई कारकों से प्रभावित होती है, जिसमें क्रेन, फोर्कलिफ्ट, कन्वेयर और स्वचालित सिस्टम जैसे हैंडलिंग उपकरण की उपलब्धता और प्रदर्शन शामिल है। यह परिचालन प्रक्रियाओं की दक्षता को भी ध्यान में रखता है, जैसे कार्गो हैंडलिंग प्रक्रियाएं, लोडिंग और अनलोडिंग समय और उपकरण रखरखाव कार्यक्रम।

तकनीकी हैंडलिंग क्षमता को अधिकतम करने के लिए, टर्मिनल विभिन्न रणनीतियों को नियोजित करते हैं जैसे वर्कफ़्लो को अनुकूलित करना, कुशल सामग्री हैंडलिंग प्रथाओं को लागू करना, उन्नत तकनीक का उपयोग करना और परिचालन दक्षता की निरंतर निगरानी और सुधार करना। एक अच्छी तरह से प्रबंधित तकनीकी हैंडलिंग क्षमता सुचारू कार्गो प्रवाह सुनिश्चित करती है, टर्नअराउंड समय को कम करती है और समग्र टर्मिनल उत्पादकता को बढ़ाती है।

1.4 डिजाइन प्रक्रिया, लेआउट गणना, गेट क्षेत्र, कॉकपिट शीट और सामान्य समुद्री यार्ड उपकरण शीट(Design process , Layout calculations, Gate area, Cockpit sheet and General sea yard equipment sheet)

डिज़ाइन प्रक्रिया:

डिज़ाइन प्रक्रिया में किसी विशिष्ट परियोजना या उद्देश्य के लिए समाधान या योजना बनाने और विकसित करने के लिए एक व्यवस्थित दृष्टिकोण शामिल होता है। टर्मिनल डिज़ाइन के संदर्भ में, डिज़ाइन प्रक्रिया में आमतौर पर निम्नलिखित चरण शामिल होते हैं:

1. **मूल्यांकन की आवश्यकता** : टर्मिनल परियोजना की आवश्यकताओं, लक्ष्यों और बाधाओं की पहचान करें। इसमें टर्मिनल के उद्देश्य, अपेक्षित थ्रूपुट, संभाले जाने वाले कार्गो के प्रकार और किसी विशिष्ट परिचालन या नियामक आवश्यकताओं को समझना शामिल है।

2. **वैचारिक डिजाइन** : पहचानी गई जरूरतों के आधार पर प्रारंभिक डिजाइन अवधारणाएं और लेआउट विकसित करें। इस चरण में यातायात प्रवाह, भंडारण क्षमता और परिचालन दक्षता जैसे कारकों पर विचार करते हुए सामान्य लेआउट का निर्धारण करना शामिल है।

3. **विस्तृत डिज़ाइन** : वैचारिक डिजाइन को अधिक विस्तृत योजना में परिष्कृत करें। इस चरण में विशिष्ट बुनियादी ढांचे की आवश्यकताओं को निर्धारित करना शामिल है, जैसे कि बर्थ कॉन्फ़िगरेशन, भंडारण क्षेत्र, हैंडलिंग उपकरण, उपयोगिता कनेक्शन और पहुंच सड़कें।

4. **इंजीनियरिंग और निर्माण** : टर्मिनल बुनियादी ढांचे के लिए इंजीनियरिंग चित्र, विनिर्देश और लागत अनुमान तैयार करें। डिजाइन योजना को लागू करने और सुरक्षा और नियामक मानकों का

अनुपालन सुनिश्चित करने के लिए आर्किटेक्ट्स, इंजीनियरों और निर्माण टीमों के साथ समन्वय करें।

5. **परीक्षण और कमीशनिंग** : टर्मिनल के बुनियादी ढांचे, उपकरण और सिस्टम की कार्यक्षमता और प्रदर्शन सुनिश्चित करने के लिए परीक्षण और परीक्षण आयोजित करें। इसमें टर्मिनल की हैंडलिंग क्षमता, सुरक्षा उपाय और परिचालन दक्षता का आकलन करना शामिल है।

लेआउट गणना:

टर्मिनल डिज़ाइन में लेआउट गणना में टर्मिनल के भीतर बुनियादी ढांचे के तत्वों की इष्टतम स्थिति और व्यवस्था का निर्धारण करना शामिल है। इसमें भंडारण क्षेत्रों, बर्थ, सड़कों, उपयोगिता कनेक्शन और अन्य घटकों के लिए आवश्यक स्थान की गणना शामिल है। लेआउट की गणना अपेक्षित थ्रूपुट, कार्गो के प्रकार, हैंडलिंग उपकरण, सुरक्षा आवश्यकताओं और परिचालन दक्षता जैसे कारकों पर आधारित होती है।

गेट क्षेत्र:

टर्मिनल में गेट क्षेत्र उस अनुभाग को संदर्भित करता है जहां वाहन, जैसे ट्रक या ट्रेलर, टर्मिनल परिसर में प्रवेश करते हैं या बाहर निकलते हैं। इसमें आम तौर पर गेटहाउस, सुरक्षा चौकियां और वाहन निरीक्षण और दस्तावेज़ीकरण के क्षेत्र शामिल हैं। गेट क्षेत्र पहुंच को नियंत्रित करने, उचित दस्तावेज़ीकरण सुनिश्चित करने और टर्मिनल के भीतर सुरक्षा बनाए रखने के लिए एक महत्वपूर्ण बिंदु है।

कॉकपिट शीट:

कॉकपिट शीट एक दस्तावेज़ या प्रपत्र है जिसका उपयोग टर्मिनल संचालन में किसी विशिष्ट जहाज के आगमन, प्रस्थान, कार्गो विवरण और किसी विशेष निर्देश सहित प्रासंगिक जानकारी दर्ज करने के लिए किया जाता है। यह टर्मिनल

ऑपरेटरों, पोत एजेंटों और जहाज के संचालन में शामिल अन्य हितधारकों के बीच एक संचार उपकरण के रूप में कार्य करता है।

सामान्य समुद्री यार्ड उपकरण शीट:

एक सामान्य समुद्री यार्ड उपकरण शीट कार्गो को संभालने और भंडारण के लिए समुद्री यार्ड या टर्मिनल में उपलब्ध उपकरण और मशीनरी के बारे में जानकारी प्रदान करती है। इसमें उपकरण के प्रकार (उदाहरण के लिए, क्रेन, फोर्कलिफ्ट, रीच स्टेकर), उनके विनिर्देश, क्षमता और रखरखाव कार्यक्रम जैसे विवरण शामिल हैं। यह शीट टर्मिनल ऑपरेटरों और कर्मियों को समुद्री यार्ड में कार्गो हैंडलिंग कार्यों के लिए संसाधनों को प्रभावी ढंग से प्रबंधित करने और आवंटित करने में मदद करती है।

1.5 कतारबद्ध सिद्धांत शीट, फ्लो शीट, सारांश शीट और यार्ड लेआउट शीट **(Queuing theory sheet, Flow sheet, Summary sheet and Yard layout sheet)**

कतारबद्ध सिद्धांत शीट:

कतारबद्ध सिद्धांत शीट एक दस्तावेज़ है जो किसी टर्मिनल या सेवा सुविधा में ग्राहकों या वाहनों के प्रवाह का विश्लेषण और अनुकूलन करने के लिए कतारबद्ध सिद्धांत के सिद्धांतों को लागू करता है। इसमें आम तौर पर आगमन दर, सेवा दर, कतार की लंबाई, प्रतीक्षा समय और औसत प्रतीक्षा समय और उपयोग जैसे प्रदर्शन उपाय जैसे डेटा शामिल होते हैं। यह शीट कतार प्रणालियों की दक्षता को समझने और सुधारने, संसाधन आवंटन को अनुकूलित करने और ग्राहक या वाहन प्रतीक्षा समय को कम करने में मदद करती है।

प्रवाह चादर:

एक फ्लो शीट, जिसे प्रक्रिया फ़्लोचार्ट या वर्कफ़्लो आरेख के रूप में भी जाना जाता है, एक टर्मिनल के भीतर एक विशिष्ट प्रक्रिया या संचालन में शामिल

चरणों या गतिविधियों के अनुक्रम को दृश्य रूप से दर्शाता है। यह एक स्पष्ट और संरचित अवलोकन प्रदान करता है कि कैसे कार्य आपस में जुड़े हुए हैं और एक चरण से दूसरे चरण में प्रवाहित होते हैं। एक फ्लो शीट बाधाओं की पहचान करने, प्रक्रियाओं को अनुकूलित करने और संपूर्ण वर्कफ़्लो को दृष्टिगत रूप से मैप करके और सुधार के लिए संभावित क्षेत्रों को उजागर करके समग्र परिचालन दक्षता में सुधार करने में मदद कर सकती है।

सारांश शीट:

सारांश शीट एक संक्षिप्त दस्तावेज़ है जो टर्मिनल संचालन से संबंधित महत्वपूर्ण जानकारी या डेटा का अवलोकन प्रदान करता है। इसमें आम तौर पर सारांश आँकड़े, प्रदर्शन संकेतक और दैनिक रिपोर्ट, परिचालन डेटा या प्रदर्शन माप जैसे विभिन्न स्रोतों से प्राप्त प्रासंगिक अंतर्दृष्टि शामिल होती है। सारांश शीट टर्मिनल के प्रदर्शन के स्नैपशॉट के रूप में कार्य करती है, जिससे प्रबंधन और हितधारकों को समग्र स्थिति का तुरंत आकलन करने और सूचित निर्णय लेने की अनुमति मिलती है।

यार्ड लेआउट शीट:

एक यार्ड लेआउट शीट एक टर्मिनल के भीतर यार्ड क्षेत्र के लेआउट और संगठन का एक दृश्य प्रतिनिधित्व है। यह एक स्केल्ड आरेख प्रदान करता है जो यार्ड के भीतर भंडारण क्षेत्रों, स्टैकिंग लेन, सड़क मार्ग, पहुंच बिंदु और अन्य तत्वों की स्थिति को दर्शाता है। यार्ड लेआउट शीट टर्मिनल ऑपरेटरों और कर्मियों को उपलब्ध स्थान के उपयोग की योजना बनाने और अनुकूलन करने, यातायात प्रवाह को सुव्यवस्थित करने और यार्ड के भीतर कुशल कार्गो आंदोलन और भंडारण सुनिश्चित करने में मदद करती है।

वस्तुनिष्ठ प्रश्न:

1. परिवहन के संदर्भ में लघु टर्मिनल क्या है?

   A. सीमित सुविधाओं वाला एक छोटा परिवहन केंद्र
   B. कार्गो के लिए अंतिम गंतव्य
   C. एक प्रमुख अंतरराष्ट्रीय हवाई अड्डा
   D. एक विशेष शिपिंग बंदरगाह

2. निम्नलिखित में से कौन सा लॉजिस्टिक्स में एक प्रमुख टर्मिनल का उदाहरण है?

   ए) स्थानीय बस स्टॉप बी) छोटा रेलवे स्टेशन
   ग) प्रमुख बंदरगाह घ) साइकिल किराये का स्टेशन

3. परिवहन के संदर्भ में, पोर्ट टर्मिनल का प्राथमिक कार्य क्या है?

   A. यात्री टर्मिनल के रूप में कार्य करना
   B. आगे के परिवहन से पहले अस्थायी रूप से कार्गो का भंडारण करना
   C. वाहनों के लिए रखरखाव सेवाएँ प्रदान करना
   D. विशेष रूप से एयर कार्गो को संभालने के लिए

4. किस प्रकार का टर्मिनल आमतौर पर कंटेनरीकृत कार्गो के समेकन और विघटन से संबंधित है?

   ए) लघु टर्मिनल बी) प्रमुख टर्मिनल
   सी) पोर्ट टर्मिनल डी) यात्री टर्मिनल

5. परिवहन उद्योग में यात्री टर्मिनल की मुख्य भूमिका क्या है?

   A. माल लोड करना और उतारना

B. यात्रियों का प्रसंस्करण और समायोजन

C. वितरण के लिए माल का भंडारण

D. परिवहन वाहनों की मरम्मत

6. किस प्रकार का टर्मिनल किसी देश में आयातित वस्तुओं के प्रवेश का पहला बिंदु होने की संभावना है?

ए) लघु टर्मिनल बी) प्रमुख टर्मिनल

सी) पोर्ट टर्मिनल डी) रेलवे टर्मिनल

7. एक कंटेनर टर्मिनल मुख्य रूप से क्या संभालता है?

ए) यात्री यातायात बी) थोक माल

सी) मानकीकृत कार्गो कंटेनर डी) खतरनाक सामग्री

8. निम्नलिखित में से कौन सा एक प्रमुख टर्मिनल की विशेषता नहीं है?

क) व्यापक सुविधाएँ और सेवाएँ

बी) उच्च कार्गो थ्रूपुट

ग) परिवहन नेटवर्क से सीमित कनेक्टिविटी

घ) परिवहन नेटवर्क में केंद्रीय स्थान

9. परिवहन नेटवर्क में एक छोटा टर्मिनल आम तौर पर क्या भूमिका निभाता है?

ए) कार्गो के लिए ट्रांसशिपमेंट पॉइंट बी) अंतर्राष्ट्रीय प्रवेश द्वार

सी) प्राथमिक वितरण केंद्र डी) रखरखाव और मरम्मत केंद्र

10. कौन सा टर्मिनल प्रकार परिवहन के विभिन्न तरीकों (उदाहरण के लिए, ट्रक से रेल) के बीच कार्गो के स्थानांतरण बिंदु के रूप में काम करने की सबसे अधिक संभावना है?

ए) लघु टर्मिनल बी) प्रमुख टर्मिनल

सी) पोर्ट टर्मिनल डी) इंटरमॉडल टर्मिनल

उत्तर:

1. क) सीमित सुविधाओं वाला एक छोटा परिवहन केंद्र

2. ग) प्रमुख बंदरगाह

3. बी) आगे के परिवहन से पहले अस्थायी रूप से कार्गो का भंडारण करना

4. ग) पोर्ट टर्मिनल

5. बी) यात्रियों का प्रसंस्करण और समायोजन

6. ग) पोर्ट टर्मिनल

7. ग) मानकीकृत कार्गो कंटेनर

8. ग) परिवहन नेटवर्क से सीमित कनेक्टिविटी

9. क) कार्गो के लिए ट्रांसशिपमेंट बिंदु

10. घ) इंटरमॉडल टर्मिनल

शब्द सीमा(80-100)

प्रश्न:1 परिवहन और लॉजिस्टिक्स के संदर्भ में "टर्मिनल" का क्या अर्थ है?

प्रश्न:2 क्या आप "प्रमुख बंदरगाहों" और "छोटे बंदरगाहों" के बीच अंतर बता सकते हैं?

प्रश्न:3 टर्मिनल संचालन में "टर्मिनल का थ्रूपुट" क्या दर्शाता है?

प्रश्न:4 टर्मिनल संचालन में "डिजाइन प्रक्रिया" के पीछे केंद्रीय विचार क्या है?

शब्द सीमा(180-200)

प्रश्न: 1 रसद और परिवहन के संदर्भ में "टर्मिनल" शब्द का क्या महत्व है, और यह बंदरगाहों, प्रमुख बंदरगाहों और छोटे बंदरगाहों से कैसे भिन्न है?

प्रश्न:2 क्या आप "थ्रूपुट," "टीईयू" की अवधारणा और जल पक्ष क्षेत्र और भूमि पक्ष क्षेत्र के बीच अंतर सहित टर्मिनल संचालन के प्रमुख पहलुओं को समझा सकते हैं?

प्रश्न:3 टर्मिनल संचालन में "स्टैक के थ्रूपुट" का क्या महत्व है, और यह टर्मिनल की समग्र दक्षता को कैसे प्रभावित करता है?

प्रश्न:4 क्या आप लेआउट गणना, गेट क्षेत्र, कॉकपिट शीट और सामान्य समुद्री यार्ड उपकरण शीट सहित टर्मिनल की डिजाइन प्रक्रिया में शामिल प्रमुख घटकों के बारे में विस्तार से बता सकते हैं?

यूनिट-2 सामग्री प्रबंधन उपकरण

सीखने का उद्देश्य

- ❖ सामग्री प्रबंधन उपकरण की अवधारणा को समझें।
- ❖ सामग्री प्रबंधन उपकरण की विशेषताओं को जानें।
- ❖ सामग्री प्रबंधन उपकरण के कार्यों को समझाइये।
- ❖ सामग्री प्रबंधन उपकरण के दायरे को परिभाषित करें।
- ❖ सामग्री प्रबंधन उपकरण के लाभ और सीमाओं को पहचानें।
- ❖ सामग्री प्रबंधन उपकरण के अवसरों और चुनौतियों की पहचान करें।

अंतर्वस्तु

- ❖ सामग्री हैंडलिंग उपकरण
- ❖ समुद्र के किनारे एमएचई, किनारे तक जहाज, एसटीएस गैन्ट्री क्रेन (सिंगल ट्रॉली),
- ❖ मोबाइल हार्बर क्रेन (एमएचसी)
- ❖ और वाइड स्पैन क्रेन (WSC)
- ❖ क्षैतिज परिवहन, निष्क्रिय वाहन, पोर्ट ट्रैकर और
- ❖ स्वचालित गाइड वाहन (एजीवी) और
- ❖ गैर निष्क्रिय वाहन
- ❖ फोर्क लिफ्ट ट्रक और रैक स्टेकर, स्ट्रैडल कैरियर,
- ❖ रेल माउंटेड यार्ड गैन्ट्री क्रेन, मल्टी ट्रेलर और

- ❖ टग मास्टर

- ❖ एमएचई का रखरखाव

- ❖ सामग्री प्रबंधन उपकरण के लिए रखरखाव अनुसूची।

- ❖ निवारक और ब्रेकडाउन रखरखाव

- ❖ निवारक और ब्रेक डाउन रखरखाव से निपटने की प्रक्रिया

2.1 सामग्री प्रबंधन उपकरण (Material Handling Equipment)

सामग्री प्रबंधन उपकरण (एमएचई) एक सुविधा के भीतर या परिवहन प्रक्रिया के दौरान सामग्री को स्थानांतरित करने, नियंत्रित करने और संग्रहीत करने के लिए उपयोग किए जाने वाले उपकरणों, मशीनरी और वाहनों की एक विस्तृत श्रृंखला को संदर्भित करता है। एमएचई संचालन को सुव्यवस्थित करने, दक्षता में सुधार करने और माल की सुरक्षित हैंडलिंग सुनिश्चित करने में महत्वपूर्ण भूमिका निभाता है। यहां कुछ सामान्य प्रकार के सामग्री प्रबंधन उपकरण दिए गए हैं:

समुद्र के किनारे एमएचई:

समुद्र के किनारे, विशेष रूप से समुद्री और बंदरगाह वातावरण में उपयोग किए जाने वाले सामग्री प्रबंधन उपकरण (एमएचई) कार्गो को कुशलतापूर्वक संभालने और माल की आवाजाही को सुविधाजनक बनाने के लिए आवश्यक हैं।

जहाज़ से ज़मीन की तरफ:

जहाज-से-किनारे परिचालन का तात्पर्य जहाज और किनारे के बीच, आमतौर पर बंदरगाह या टर्मिनल पर कार्गो को लोड करने और उतारने में शामिल प्रक्रियाओं और गतिविधियों से है। सामग्री प्रबंधन उपकरण (एमएचई) इन परिचालनों को सुविधाजनक बनाने में महत्वपूर्ण भूमिका निभाता है।

2.2 एसटीएस गैन्ट्री क्रेन (सिंगल ट्रॉली) और इसके कार्य और फायदे (STS Gantry crane (Single Trolley)and its function and advantages)

एसटीएस गैन्ट्री क्रेन (एकल ट्रॉली):

एकल ट्रॉली के साथ एक एसटीएस (शिप-टू-शोर) गैन्ट्री क्रेन एक बड़ी क्रेन है जिसका उपयोग बंदरगाहों या कंटेनर टर्मिनलों पर जहाज-से-किनारे संचालन में किया जाता है। इसे विशेष रूप से कंटेनरों और भारी माल को संभालने के लिए डिज़ाइन किया गया है। एसटीएस गैन्ट्री क्रेन का प्राथमिक कार्य जहाजों से कंटेनरों को किनारे पर लोड और अनलोड करना है और इसके विपरीत। एसटीएस गैन्ट्री क्रेन की कुछ प्रमुख विशेषताएं और फायदे में शामिल हैं:

1. **लोडिंग और अनलोडिंग:** एसटीएस गैन्ट्री क्रेन का मुख्य कार्य जहाजों और तट के बीच कंटेनरों और कार्गो को कुशलतापूर्वक लोड और अनलोड करना है।

2. **उच्च उठाने की क्षमता:** एसटीएस गैन्ट्री क्रेन में उच्च उठाने की क्षमता होती है, जो उन्हें एक साथ कई कंटेनरों को संभालने में सक्षम बनाती है।

3. **लंबी आउटरीच:** उनके पास लंबी आउटरीच क्षमता है, जो उन्हें जहाज की चौड़ाई तक पहुंचने और डेक पर या होल्ड में कंटेनरों तक पहुंचने की अनुमति देती है।

4. **सटीक नियंत्रण:** ये क्रेनें कंटेनरों की आवाजाही और स्थान पर सटीक नियंत्रण प्रदान करती हैं, जिससे सुरक्षित और सटीक हैंडलिंग सुनिश्चित होती है।

5. **इंटरमॉडल क्षमता:** वे मानक बीस-फुट समकक्ष इकाइयों (टीईयू) और चालीस-फुट समकक्ष इकाइयों (एफईयू) सहित कंटेनर आकारों की एक विस्तृत श्रृंखला को संभाल सकते हैं।

लाभ:

1. **उच्च दक्षता** : एसटीएस गैन्ट्री क्रेन को उच्च उत्पादकता के लिए डिज़ाइन किया गया है, जो कंटेनरों की तेजी से लोडिंग और अनलोडिंग की अनुमति देता है, जिससे जहाज के टर्नअराउंड समय में कमी आती है।

2. **लचीलापन** : वे विभिन्न कार्गो आवश्यकताओं को समायोजित करते हुए विभिन्न आकार और प्रकार के कंटेनरों को संभाल सकते हैं।

3. **भारी माल को संभालना** : अपनी उच्च उठाने की क्षमता के साथ, एसटीएस गैन्ट्री क्रेन भारी माल जैसे बड़े कंटेनर या मशीनरी को संभाल सकते हैं।

4. **बहुमुखी प्रतिभा** : ये क्रेनें कंटेनरीकृत और ब्रेक-बल्क कार्गो दोनों को संभाल सकती हैं, जो विभिन्न प्रकार के सामानों को संभालने में बहुमुखी प्रतिभा प्रदान करती हैं।

5. **इंटरमॉडल कनेक्टिविटी** : एसटीएस गैन्ट्री क्रेन जहाजों से ट्रकों या ट्रेनों में कंटेनरों के स्थानांतरण की सुविधा प्रदान करके समुद्री परिवहन को अंतर्देशीय परिवहन नेटवर्क से जोड़ने में महत्वपूर्ण भूमिका निभाते हैं।

2.3 मोबाइल हार्बर क्रेन (एमएचसी) (Mobile Harbour Crane (MHC)

मोबाइल हार्बर क्रेन (एमएचसी) एक बहुमुखी क्रेन है जिसे बंदरगाह या टर्मिनल क्षेत्र के आसपास ले जाया जा सकता है। इसे कंटेनर, बल्क कार्गो और सामान्य कार्गो सहित विभिन्न प्रकार के कार्गो को संभालने के लिए डिज़ाइन किया गया है। एमएचसी का मुख्य कार्य बंदरगाह और टर्मिनल वातावरण में कार्गो हैंडलिंग

संचालन को सुविधाजनक बनाना है। एमएचसी की कुछ प्रमुख विशेषताएं और फायदे में शामिल हैं:

समारोह (Function)

1. **बहुउद्देश्यीय हैंडलिंग** : एमएचसी विभिन्न प्रकार के कार्गो को संभालने में सक्षम हैं, जिनमें कंटेनर, बल्क कार्गो (जैसे अनाज या कोयला), और सामान्य कार्गो (जैसे स्टील या मशीनरी) शामिल हैं।

2. **गतिशीलता** : एमएचसी को रबर के टायरों या पटरियों पर लगाया जाता है, जिससे उन्हें बंदरगाह या टर्मिनल क्षेत्र के भीतर आसानी से ले जाया जा सकता है, जिससे कार्गो हैंडलिंग संचालन में लचीलापन मिलता है।

3. **एडजस्टेबल बूम** : क्रेन का बूम ऊंचाई और पहुंच में समायोज्य है, जो इसे विभिन्न आकार और कॉन्फ़िगरेशन के जहाजों से कार्गो को संभालने में सक्षम बनाता है।

4. **कुशल पहुंच** : एमएचसी के पास व्यापक पहुंच है, जो उन्हें जहाजों पर कंटेनरों या कार्गो तक पहुंचने और उन्हें किनारे या अन्य निर्दिष्ट क्षेत्रों तक पहुंचाने में सक्षम बनाती है।

5. **त्वरित सेट-अप** : एमएचसी को शीघ्रता से स्थापित और चालू किया जा सकता है, जिससे डाउनटाइम कम होता है और उत्पादकता बढ़ती है।

लाभ:

1. **बहुमुखी प्रतिभा** : एमएचसी विभिन्न प्रकार के कार्गो को संभाल सकते हैं, जिससे वे बंदरगाहों या टर्मिनलों के लिए उपयुक्त हो जाते हैं जो विभिन्न प्रकार के सामानों को संभालते हैं।

2. **लचीलापन** : उनकी गतिशीलता उन्हें बदलती परिचालन आवश्यकताओं के अनुरूप बंदरगाह या टर्मिनल के भीतर विभिन्न क्षेत्रों में उपयोग करने की अनुमति देती है।

3. **तीव्र परिनियोजन** : आवश्यकतानुसार कार्गो को संभालने, कुशल और समय पर संचालन प्रदान करने के लिए एमएचसी को शीघ्रता से तैनात किया जा सकता है।

4. **बुनियादी ढांचे पर निर्भरता में कमी** : एमएचसी गैन्ट्री रेल जैसे व्यापक निश्चित बुनियादी ढांचे की आवश्यकता के बिना लचीलापन प्रदान करते हैं, जो उन्हें सीमित बुनियादी ढांचे की उपलब्धता वाले स्थानों के लिए उपयुक्त बनाता है।

5. **बढ़ी हुई उत्पादकता** : एमएचसी कुशल कार्गो हैंडलिंग संचालन का समर्थन करते हुए, उत्पादकता बढ़ाने और पोत टर्नअराउंड समय को कम करने में योगदान देता है।

2.4 वाइड स्पैन क्रेन (डब्ल्यूएससी) (Wide Span Crane (WSC):

वाइड स्पैन क्रेन (डब्ल्यूएससी), जिसे पोर्टल क्रेन या बड़े पैमाने पर गैन्ट्री क्रेन के रूप में भी जाना जाता है, बंदरगाहों सहित विभिन्न उद्योगों में भारी और भारी कार्गो को संभालने के लिए डिजाइन की गई एक विस्तृत स्पैन वाली क्रेन है। WSC का मुख्य कार्य निर्दिष्ट क्षेत्र के भीतर बड़ी या भारी वस्तुओं को उठाना और परिवहन करना है। वाइड स्पैन क्रेन की कुछ प्रमुख विशेषताएं और फायदे में शामिल हैं:

समारोह:

1. **भारी भार प्रबंधन** : WSCs को विशेष रूप से भारी और भारी माल, जैसे बड़ी मशीनरी, निर्माण सामग्री, या बड़े कंटेनर को संभालने के लिए डिज़ाइन किया गया है।

2. **वाइड स्पैन** : इन क्रेनों में वाइड स्पैन होता है, जो उन्हें कुशल कार्गो हैंडलिंग के लिए एक बड़े क्षेत्र को कवर करने की अनुमति देता है।

3. **लचीलापन** : डब्ल्यूएससी को विभिन्न प्रकार के कार्गो और उठाने की जरूरतों को समायोजित करते हुए, विशिष्ट परिचालन आवश्यकताओं के अनुसार अनुकूलित और अनुकूलित किया जा सकता है।

4. **शुद्धता नियंत्रण** : वे कार्गो की आवाजाही पर सटीक नियंत्रण प्रदान करते हैं, सटीक स्थिति और सुरक्षित हैंडलिंग को सक्षम करते हैं।

5. **बहुमुखी अनुप्रयोग** : WSCs का उपयोग कार्गो हैंडलिंग उद्देश्यों की एक विस्तृत श्रृंखला के लिए बंदरगाहों, शिपयार्ड, विनिर्माण और निर्माण सहित विभिन्न उद्योगों में किया जाता है।

लाभ :

1. **हेवी-ड्यूटी हैंडलिंग** : WSCs अत्यधिक भारी भार को संभाल सकते हैं, भारी माल उठाने और परिवहन के लिए एक विश्वसनीय समाधान प्रदान करते हैं।

2. **व्यापक कवरेज** : अपने विस्तृत विस्तार के साथ, ये क्रेन एक बड़े क्षेत्र को कवर कर सकते हैं, जिससे व्यापक कार्यक्षेत्र में कार्गो की कुशल हैंडलिंग सक्षम हो सकती है।

3. **अनुकूलन योग्य** : डब्ल्यूएससी को विशिष्ट आवश्यकताओं, जैसे कार्गो वजन, उठाने की ऊंचाई और परिचालन वातावरण के अनुरूप बनाया जा सकता है।

4. **सुरक्षा** : इन क्रेनों को सुरक्षा सुविधाओं और सटीक नियंत्रणों के साथ डिज़ाइन किया गया है, जो सुरक्षित और नियंत्रित कार्गो हैंडलिंग संचालन सुनिश्चित करते हैं।

5. **बढ़ा हुआ उत्पादकता** : डब्ल्यूएससी भारी माल के कुशल संचालन को सक्षम करके, मैन्युअल श्रम को कम करके और उठाने के संचालन में डाउनटाइम को कम करके उत्पादकता बढ़ाने में योगदान देता है।

2.5 क्षैतिज परिवहन और इसके कार्य और लाभ (Horizontal transport and its function and benefits)

क्षैतिज परिवहन

क्षैतिज परिवहन से तात्पर्य किसी सुविधा या टर्मिनल के भीतर क्षैतिज दिशा में माल या कार्गो की आवाजाही से है। इसमें वस्तुओं को एक स्थान से दूसरे स्थान तक, आमतौर पर कम दूरी पर, समान स्तर या मंजिल के भीतर परिवहन करना शामिल है। क्षैतिज परिवहन सामग्री प्रबंधन और रसद संचालन में महत्वपूर्ण भूमिका निभाता है । यहां क्षैतिज परिवहन के कुछ प्रमुख पहलू और प्रकार दिए गए हैं:

कार्य: क्षैतिज परिवहन का मुख्य कार्य किसी सुविधा के भीतर माल को एक बिंदु से दूसरे स्थान तक कुशलतापूर्वक और सुरक्षित रूप से ले जाना है। इसमें भंडारण क्षेत्रों के बीच कार्गो को स्थानांतरित करना, ट्रकों या कंटेनरों को लोड करना और उतारना और आपूर्ति श्रृंखला या उत्पादन प्रक्रिया के अगले चरण में माल परिवहन करना जैसे कार्य शामिल हैं। क्षैतिज परिवहन सामग्री के सुचारू

प्रवाह को सुनिश्चित करता है और समय पर ऑर्डर पूर्ति, इन्वेंट्री प्रबंधन और समग्र परिचालन दक्षता का समर्थन करता है।

फ़ायदे:

1. **बढ़ी हुई दक्षता** : क्षैतिज परिवहन सामग्री प्रवाह को सुव्यवस्थित करता है, जिससे किसी सुविधा के भीतर माल ले जाने के लिए आवश्यक समय और प्रयास कम हो जाता है। यह बाधाओं और देरी को कम करता है, समग्र उत्पादकता और थ्रूपुट में सुधार करता है।

2. **अंतरिक्ष अनुकूलन** : कुशल क्षैतिज परिवहन एक सुविधा के भीतर अंतरिक्ष उपयोग को अनुकूलित करने में मदद करता है। यह सुनिश्चित करता है कि वस्तुओं का भंडारण और परिवहन सबसे प्रभावी तरीके से किया जाए, जिससे भंडारण क्षमता और परिचालन दक्षता अधिकतम हो।

3. **शारीरिक श्रम में कमी** : क्षैतिज परिवहन प्रक्रियाओं को स्वचालित या यंत्रीकृत करने से, शारीरिक श्रम पर निर्भरता कम हो जाती है। इससे दक्षता बढ़ती है, श्रम लागत कम होती है और श्रमिक सुरक्षा में सुधार होता है।

4. **बढ़ी हुई सुरक्षा** : उचित रूप से व्यवस्थित क्षैतिज परिवहन प्रणालियाँ दुर्घटनाओं और सामान या उपकरण के नुकसान के जोखिम को कम करती हैं। सुरक्षा उपायों को लागू करना और उचित उपकरणों का उपयोग सुरक्षित कार्य वातावरण को बढ़ावा देता है।

5. **परिचालन लचीलापन** : प्रभावी क्षैतिज परिवहन मांग, इन्वेंट्री स्तर या उत्पादन आवश्यकताओं में परिवर्तन को समायोजित करने में लचीलेपन को सक्षम बनाता है। यह सुचारू सामग्री प्रवाह की

अनुमति देता है और अप्रत्याशित विविधताओं या चुनौतियों से कुशलतापूर्वक निपटने की सुविधा प्रदान करता है।

क्षैतिज परिवहन के प्रकार :

क्षैतिज परिवहन प्रणालियों के प्रकार विशिष्ट परिचालन आवश्यकताओं को पूरा करने और किसी सुविधा या टर्मिनल के भीतर सामग्री प्रवाह को अनुकूलित करने के लिए विभिन्न विकल्प प्रदान करते हैं। उपयुक्त विधि का चयन माल के प्रकार, सुविधा लेआउट, वांछित थ्रूपुट और वांछित स्वचालन स्तर जैसे कारकों पर निर्भर करता है।

1. **निष्क्रिय वाहन** : निष्क्रिय वाहन क्षैतिज परिवहन के लिए उपयोग किए जाने वाले मैन्युअल रूप से संचालित उपकरण हैं, जैसे कि हैंड पैलेट जैक, ट्रॉली या गाड़ियां। ये वाहन चलने के लिए मानव बल पर निर्भर होते हैं और हल्के भार या कम दूरी के लिए उपयुक्त होते हैं।

2. **गैर-निष्क्रिय वाहन** : गैर-निष्क्रिय वाहनों में इलेक्ट्रिक पैलेट जैक या पावर्ड टग जैसे संचालित उपकरण शामिल हैं। इन वाहनों में प्रणोदन के लिए अंतर्निर्मित मोटर या इंजन होते हैं, जो मैन्युअल प्रयास को कम करते हैं और भारी भार के अधिक कुशल परिवहन को सक्षम करते हैं।

3. **स्वचालित निर्देशित वाहन (एजीवी)**: एजीवी स्व-निर्देशित रोबोटिक वाहन हैं जिन्हें किसी सुविधा के भीतर स्वायत्त रूप से माल परिवहन करने के लिए प्रोग्राम किया जाता है। वे पूर्वनिर्धारित पथों पर नेविगेट करने के लिए सेंसर, कैमरे या लेजर का उपयोग करते हैं, जो उन्हें दोहराए जाने वाले कार्यों या उच्च मात्रा वाले क्षैतिज परिवहन संचालन के लिए उपयुक्त बनाता है।

4. **पोर्ट ट्रैकर** : पोर्ट ट्रैकर विशेष वाहन हैं जिनका उपयोग बंदरगाह या टर्मिनल वातावरण में क्षैतिज परिवहन के लिए किया जाता है। वे टर्मिनल क्षेत्र के भीतर कंटेनर या कार्गो को ले जाने के लिए डिज़ाइन किए गए हैं, जो आमतौर पर सटीक ट्रैकिंग और पोजिशनिंग के लिए सेंसर या पोजिशनिंग सिस्टम से लैस होते हैं।

5. **कन्वेयर सिस्टम** : कन्वेयर सिस्टम सतत और स्वचालित सिस्टम हैं जो क्षैतिज दिशा में माल का परिवहन करते हैं। वे वस्तुओं को पूर्वनिर्धारित पथ पर ले जाने के लिए बेल्ट, रोलर्स या चेन का उपयोग करते हैं, जो उन्हें उच्च गति और उच्च मात्रा वाले परिवहन संचालन के लिए उपयुक्त बनाता है।

2.6 फोर्क लिफ्ट ट्रक , प्रकार, कार्य और लाभ (Fork lift Truck,Types,Functions,Benefits)

फोर्कलिफ्ट ट्रक: फोर्कलिफ्ट ट्रक, जिसे फोर्कलिफ्ट या लिफ्ट ट्रक के रूप में भी जाना जाता है, एक संचालित औद्योगिक वाहन है जिसका उपयोग सामग्री उठाने, ले जाने और ढेर लगाने के लिए किया जाता है। इसमें आम तौर पर एक भार ढोने वाली गाड़ी और कांटे होते हैं जिन्हें हाइड्रॉलिक तरीके से ऊपर या नीचे किया जा सकता है। फोर्कलिफ्ट ट्रक विभिन्न आकारों और विन्यासों में आते हैं, जिनमें इलेक्ट्रिक, डीजल या प्रोपेन-संचालित मॉडल शामिल हैं।

प्रकार :

- **काउंटरबैलेंस फोर्कलिफ्ट** : फोर्कलिफ्ट का सबसे सामान्य प्रकार, जिसे ट्रक के पीछे एक काउंटरवेट के साथ भार के वजन को संतुलित करने के लिए डिज़ाइन किया गया है।

- **ट्रकों तक पहुंचें** : विस्तारित कांटे के साथ संकीर्ण गलियारे वाले फोर्कलिफ्ट जो माल के भंडारण और पुनर्प्राप्ति के लिए रैकिंग सिस्टम तक पहुंच सकते हैं।

- **ऑर्डर पिकर** : एक प्लेटफ़ॉर्म या पिंजरे से सुसज्जित फोर्कलिफ्ट जो ऑपरेटरों को गोदाम के भीतर विभिन्न स्तरों पर आइटम चुनने की अनुमति देता है।

- **उबड़-खाबड़ भूभाग फोर्कलिफ्ट** : बड़े टायरों और उच्च ग्राउंड क्लीयरेंस के साथ असमान या खुरदरी सतहों पर बाहरी उपयोग के लिए डिज़ाइन किया गया है।

कार्य :

फोर्कलिफ्ट ट्रक बहुमुखी हैं और गोदामों, वितरण केंद्रों, विनिर्माण सुविधाओं और निर्माण स्थलों में व्यापक रूप से उपयोग किए जाते हैं। उनके प्राथमिक कार्यों में शामिल हैं:

- किसी सुविधा के भीतर पैलेटाइज्ड सामान या सामग्री को उठाना और परिवहन करना।

- ट्रकों या कंटेनरों को लोड करना और उतारना।

- रैक या अलमारियों पर सामान जमा करना।

- ऑर्डर चुनना और इन्वेंट्री प्रबंधन।

लाभ :

- **बेहतर दक्षता** : फोर्कलिफ्ट भारी भार के त्वरित और कुशल संचलन को सक्षम बनाता है, जिससे शारीरिक श्रम कम होता है और उत्पादकता बढ़ती है।

- **बहुमुखी प्रतिभा** : फोर्कलिफ्ट पैलेट, कंटेनर और अन्य भारी वस्तुओं सहित विभिन्न प्रकार के सामान और सामग्रियों को संभाल सकते हैं।

- **अंतरिक्ष** उपयोग: फोर्कलिफ्ट माल को रैक या अलमारियों पर रखने की अनुमति देकर **ऊर्ध्वाधर भंडारण की सुविधा प्रदान करते हैं , जिससे गोदाम की जगह का अनुकूलन होता है।**

- **समय बचत** : फोर्कलिफ्ट्स लोडिंग और अनलोडिंग कार्यों को काफी तेज कर सकते हैं, प्रतीक्षा समय को कम कर सकते हैं और समग्र रसद दक्षता में सुधार कर सकते हैं।

- **सुरक्षा** : फोर्कलिफ्ट सुरक्षा सुविधाओं और ऑपरेटर नियंत्रणों से सुसज्जित हैं, जो सुरक्षित संचालन प्रथाओं को बढ़ावा देते हैं और दुर्घटनाओं के जोखिम को कम करते हैं।

2.7 रैक स्टेकर (Rack stacker) : एक रैक स्टेकर, जिसे रीच स्टेकर के रूप में भी जाना जाता है, एक विशेष फोर्कलिफ्ट है जिसे कंटेनर यार्ड या टर्मिनलों में कंटेनर और भारी भार को संभालने के लिए डिज़ाइन किया गया है। यह टेलीस्कोपिक कांटे या बूम से सुसज्जित है जो ढेर या पंक्तियों में कंटेनरों तक पहुंचने के लिए विस्तारित हो सकता है।

कार्य :

रैक स्टेकर का उपयोग मुख्य रूप से कंटेनर हैंडलिंग और भंडारण के लिए किया जाता है। उनके कार्यों में शामिल हैं:

- कंटेनर यार्ड के भीतर कंटेनरों को उठाना और ले जाना।

- कंटेनरों को पंक्तियों या ढेरों में जमा करना।

- ट्रकों या रेलकारों से कंटेनरों को लोड करना और उतारना।

- जहाज-से-तट क्षेत्र तक कंटेनरों का परिवहन करना।

लाभ :

- **लचीलापन** : रैक स्टेकर विभिन्न आकार और वजन के कंटेनरों को संभाल सकते हैं, जो कंटेनर हैंडलिंग संचालन में बहुमुखी प्रतिभा प्रदान करते हैं।

- **कुशल स्थान उपयोग** : कंटेनरों को लंबवत रूप से स्टैक करके, रैक स्टेकर कंटेनर यार्ड में जगह को अनुकूलित करते हैं, भंडारण क्षमता को अधिकतम करते हैं।

- **समय बचत** : रैक स्टेकर तेजी से और कुशलता से कंटेनरों को स्थानांतरित कर सकते हैं, लोडिंग/अनलोडिंग समय को कम कर सकते हैं और टर्मिनल उत्पादकता में सुधार कर सकते हैं।

- **उन्नत सुरक्षा** : रैक स्टेकर को स्थिरता नियंत्रण और भार भार निगरानी जैसी सुरक्षा सुविधाओं के साथ डिज़ाइन किया गया है, जो सुरक्षित कंटेनर हैंडलिंग सुनिश्चित करते हैं।

- **उत्पादकता में वृद्धि** : रैक स्टेकर का उपयोग कंटेनर हैंडलिंग संचालन को सुव्यवस्थित करता है, जिससे तेजी से टर्नअराउंड समय और बेहतर दक्षता प्राप्त होती है।

2.8 स्ट्रैडल कैरियर (Straddle carrier) : स्ट्रैडल कैरियर एक विशेष वाहन है जिसका उपयोग बंदरगाह और टर्मिनल वातावरण में कंटेनरों के परिवहन और हैंडलिंग के लिए किया जाता है। इसमें समायोज्य पैर हैं जो कंटेनरों को उठाने और परिवहन के लिए फैला सकते हैं।

कार्य : स्ट्रैडल कैरियर का प्राथमिक कार्य कंटेनरों को संभालना है। इसके कार्यों में शामिल हैं:

- बंदरगाह या टर्मिनल क्षेत्र के भीतर कंटेनरों को उठाना और परिवहन करना।

- कंटेनरों को पंक्तियों या ढेरों में जमा करना।

- ट्रकों या रेलकारों से कंटेनरों को लोड करना और उतारना।

- जहाज से किनारे तक जाने वाली क्रेनों के लिए कंटेनरों की स्थिति निर्धारण।

लाभ :

- **उच्च उत्पादकता** : स्ट्रैडल वाहक एक साथ कई कंटेनरों को संभाल सकते हैं, जिससे कंटेनर हैंडलिंग संचालन की दक्षता में सुधार होता है।

- **बहुमुखी प्रतिभा** : वे विभिन्न कार्गो आवश्यकताओं को समायोजित करते हुए विभिन्न आकार और वजन के कंटेनरों को संभाल सकते हैं।

- **स्थान अनुकूलन** : स्ट्रैडल वाहक टर्मिनल के भीतर भंडारण स्थान को अनुकूलित करते हुए, कंटेनरों को लंबवत रूप से ढेर कर सकते हैं।

- **लचीलापन** : स्ट्रैडल वाहक क्षैतिज और लंबवत दोनों तरह से चल सकते हैं, जिससे भीड़भाड़ वाले बंदरगाह क्षेत्रों में कुशल कार्गो हैंडलिंग सक्षम हो जाती है।

- **बुनियादी ढांचे पर निर्भरता में कमी** : स्ट्रैडल कैरियर्स को व्यापक निश्चित बुनियादी ढांचे की आवश्यकता नहीं होती है, जो पोर्ट लेआउट और संचालन में लचीलेपन की अनुमति देता है।

2.9 रेल माउंटेड यार्ड गैन्ट्री क्रेन (Rail Mounted Yard Gantry Cranes) : रेल-माउंटेड यार्ड गैन्ट्री क्रेन, जिन्हें आरएमजी के रूप में भी जाना जाता है, बड़े गैन्ट्री क्रेन हैं जो कंटेनर यार्ड या रेल टर्मिनलों में रेल पर यात्रा करते हैं। इनका उपयोग कंटेनरों और अन्य कार्गों की हैंडलिंग और स्टैकिंग के लिए किया जाता है।

कार्य : आरएमजी का उपयोग मुख्य रूप से रेल टर्मिनलों में कंटेनर हैंडलिंग और भंडारण के लिए किया जाता है। उनके कार्यों में शामिल हैं:

- ढेर या पंक्तियों में कंटेनरों तक पहुंचने के लिए रेल के साथ चलना।

- यार्ड के भीतर कंटेनरों को उठाना और परिवहन करना।

- कंटेनरों को पंक्तियों या ब्लॉकों में लंबवत रूप से जमा करना।

- ट्रेनों से कंटेनरों को लोड करना और उतारना।

लाभ :

- **उच्च दक्षता** : आरएमजी कंटेनर हैंडलिंग में उच्च उत्पादकता प्रदान करते हैं, ट्रेनों की कुशल लोडिंग और अनलोडिंग को सक्षम करते हैं और यार्ड संचालन को अनुकूलित करते हैं।

- **स्थान अनुकूलन** : आरएमजी कंटेनरों को लंबवत रूप से ढेर कर सकते हैं, जिससे कंटेनर यार्ड या रेल टर्मिनलों में भंडारण क्षमता अधिकतम हो जाती है।

- **त्वरित संचालन** : आरएमजी तेजी से रेल के साथ आगे बढ़ सकते हैं, प्रतीक्षा समय को कम कर सकते हैं और कंटेनर हैंडलिंग के समग्र प्रवाह में सुधार कर सकते हैं।

- **सुरक्षित हैंडलिंग** : आरएमजी एंटी-स्वे सिस्टम और लोड मॉनिटरिंग जैसी सुरक्षा सुविधाओं से लैस हैं, जो सुरक्षित और नियंत्रित कंटेनर हैंडलिंग सुनिश्चित करते हैं।

- **रेल संचालन के साथ एकीकरण** : आरएमजी विशेष रूप से रेल टर्मिनलों के लिए डिज़ाइन किए गए हैं, जो ट्रेन संचालन और कुशल रेल-टू-रोड कार्गो हस्तांतरण के साथ निर्बाध एकीकरण की अनुमति देते हैं।

2.10 मल्टी-ट्रेलर और टग मास्टर (**Multi-Trailers and Tug Master**) : मल्टी-ट्रेलर, जिन्हें टर्मिनल ट्रेलर या चेसिस के रूप में भी जाना जाता है, बंदरगाह या टर्मिनल क्षेत्रों के भीतर कंटेनरों के परिवहन के लिए उपयोग किए जाने वाले पहिएदार प्लेटफॉर्म हैं। इन्हें आम तौर पर एक संचालित वाहन द्वारा खींचा जाता है जिसे टग मास्टर या टर्मिनल ट्रैक्टर कहा जाता है।

कार्य : मल्टी-ट्रेलर और टग मास्टर्स बंदरगाह या टर्मिनल क्षेत्रों के भीतर कंटेनरों को कुशलतापूर्वक परिवहन करने के लिए मिलकर काम करते हैं। उनके कार्यों में शामिल हैं:

- टर्मिनल के भीतर विभिन्न क्षेत्रों के बीच कंटेनरों का परिवहन।

- जहाजों या अन्य परिवहन साधनों से कंटेनरों को लोड करना और उतारना।

- आगे के परिवहन या भंडारण के लिए कंटेनरों को अन्य हैंडलिंग उपकरणों से जोड़ना।

लाभ :

- **लचीलापन :** मल्टी-ट्रेलर विभिन्न आकार और प्रकार के कंटेनरों को समायोजित कर सकते हैं, जिससे विभिन्न कार्गो आवश्यकताओं को संभालने में लचीलापन मिलता है।

- **कुशल कंटेनर मूवमेंट :** मल्टी-ट्रेलर और टग मास्टर तेजी से कंटेनरों का परिवहन कर सकते हैं, जिससे समग्र टर्मिनल उत्पादकता में सुधार होता है।

- **इंटरमॉडल कनेक्टिविटी :** मल्टी-ट्रेलर इंटरमॉडल संचालन का समर्थन करते हुए जहाजों, ट्रकों और अन्य परिवहन साधनों के बीच कंटेनरों के सुचारू हस्तांतरण को सक्षम करते हैं।

- **त्वरित सेट-अप :** मल्टी-ट्रेलर और टग मास्टर्स को स्थापित करना और तैनात करना आसान है, जिससे तेजी से कंटेनर हैंडलिंग और परिवहन की अनुमति मिलती है।

- **अंतरिक्ष अनुकूलन :** उपयोग में न होने पर मल्टी-ट्रेलरों को स्टैक्ड या नेस्ट किया जा सकता है, जिससे टर्मिनल क्षेत्र के भीतर अंतरिक्ष उपयोग को अनुकूलित किया जा सकता है।

इनमें से प्रत्येक उपकरण प्रकार बंदरगाह, टर्मिनल या कंटेनर यार्ड वातावरण के भीतर सामग्री प्रबंधन और कार्गो परिवहन में एक विशिष्ट भूमिका निभाता है। उनके कार्य और लाभ कुशल संचालन, बेहतर उत्पादकता और स्थान और संसाधनों के प्रभावी उपयोग में योगदान करते हैं।

2.11 एमएचई का रखरखाव (Maintenance of MHE):

सामग्री प्रबंधन उपकरण (एमएचई) का रखरखाव इष्टतम प्रदर्शन सुनिश्चित करने, उपकरण के जीवनकाल को बढ़ाने और सुरक्षित संचालन को बढ़ावा देने के लिए महत्वपूर्ण है। एमएचई रखरखाव के कुछ प्रमुख पहलू यहां दिए गए हैं:

1. **नियमित निरीक्षण** : टूट-फूट, क्षति या खराबी के किसी भी लक्षण की पहचान करने के लिए एमएचई का नियमित निरीक्षण करें। निरीक्षण में ब्रेक, हाइड्रोलिक्स, इलेक्ट्रिकल सिस्टम, टायर और सुरक्षा सुविधाओं जैसे महत्वपूर्ण घटकों को शामिल किया जाना चाहिए।

2. **अनुसूचित निवारक रखरखाव : स्नेहन, फिल्टर परिवर्तन, बेल्ट प्रतिस्थापन** और सिस्टम जांच जैसे नियमित रखरखाव कार्यों को करने के लिए एक निवारक रखरखाव कार्यक्रम स्थापित करें। रखरखाव कार्यक्रम का पालन करने से ब्रेकडाउन को रोकने में मदद मिलती है, डाउनटाइम कम होता है और उपकरण का जीवन बढ़ता है।

3. **दस्तावेज़ीकरण** : उपकरण रखरखाव और मरम्मत का विस्तृत रिकॉर्ड बनाए रखें। रखरखाव कार्यक्रम, निरीक्षण रिपोर्ट, सेवा रिकॉर्ड और उपकरण में किए गए किसी भी संशोधन या उन्नयन पर नज़र रखें। दस्तावेज़ीकरण रखरखाव इतिहास पर नज़र रखने और आवर्ती मुद्दों की पहचान करने में सहायता करता है।

4. **सफाई और हाउसकीपिंग** : धूल, मलबे और दूषित पदार्थों को हटाने के लिए एमएचई को नियमित रूप से साफ करें जो प्रदर्शन को प्रभावित कर सकते हैं और समय से पहले खराब होने का कारण बन सकते हैं। उपकरणों की क्षति को रोकने और सुरक्षित संचालन सुनिश्चित करने के लिए स्वच्छ और व्यवस्थित कार्य वातावरण बनाए रखें।

5. **प्रशिक्षण और ऑपरेटर देखभाल** : उचित उपकरण संचालन, रखरखाव प्रक्रियाओं और सुरक्षा प्रोटोकॉल पर एमएचई ऑपरेटरों को व्यापक प्रशिक्षण प्रदान करें। ऑपरेटरों को उपकरण संबंधी किसी भी समस्या की तुरंत रिपोर्ट करने के लिए प्रोत्साहित करें और उपकरण के प्रति देखभाल और जिम्मेदारी की संस्कृति को बढ़ावा दें।

6. **घटक प्रतिस्थापन** : आगे की क्षति को रोकने और एमएचई के सुरक्षित और कुशल संचालन को सुनिश्चित करने के लिए घिसे-पिटे या क्षतिग्रस्त घटकों को तुरंत बदलें। आवश्यकतानुसार टायर, बैटरी, फिल्टर, बेल्ट और हाइड्रोलिक होज़ जैसी वस्तुओं का नियमित रूप से निरीक्षण करें और बदलें।

7. **अंशांकन और समायोजन** : सटीक प्रदर्शन बनाए रखने के लिए एमएचई सिस्टम और नियंत्रणों को समय-समय पर अंशांकित और समायोजित करें। इसमें निर्माता विनिर्देशों के अनुपालन को सुनिश्चित करने के लिए भार क्षमता सीमा, नियंत्रण सेटिंग्स और सुरक्षा सुविधाओं की जाँच और समायोजन शामिल है।

8. **विक्रेता समर्थन** : जरूरत पड़ने पर तकनीकी सहायता, स्पेयर पार्ट्स और विशेष रखरखाव सेवाओं तक पहुंचने के लिए उपकरण विक्रेताओं या अधिकृत सेवा प्रदाताओं के साथ संबंध स्थापित करें। उपकरण अपग्रेड, रिकॉल या सुरक्षा नोटिस पर अपडेट रहने के लिए विक्रेताओं के साथ मिलकर काम करें।

9. **सुरक्षा जांच** : आपातकालीन स्टॉप बटन, चेतावनी रोशनी, बैकअप अलार्म और सुरक्षा इंटरलॉक जैसी सुरक्षा सुविधाओं का नियमित रूप से निरीक्षण और परीक्षण करें। सुनिश्चित करें कि सुरक्षा तंत्र सही ढंग से काम कर रहे हैं और किसी भी पहचानी गई समस्या का तुरंत समाधान करें।

10. **निरंतर सुधार** : एमएचई प्रदर्शन की लगातार निगरानी करें, ऑपरेटरों से फीडबैक लें और सुधार के क्षेत्रों की पहचान करने के लिए रखरखाव प्रथाओं का मूल्यांकन करें। सुधारात्मक कार्रवाइयों को लागू करें, सीखे गए पाठों को शामिल करें, और तकनीकी प्रगति या प्रक्रिया संवर्द्धन के अवसरों का पता लगाएं।

एक व्यापक रखरखाव कार्यक्रम को लागू करके, संगठन अपने सामग्री हैंडलिंग उपकरण के प्रदर्शन, विश्वसनीयता और दीर्घायु को अनुकूलित कर सकते हैं, जिससे उत्पादकता में वृद्धि, डाउनटाइम कम हो सकता है और सामग्री हैंडलिंग संचालन में सुरक्षा में सुधार हो सकता है।

सामग्री प्रबंधन उपकरण के लिए रखरखाव अनुसूची

सामग्री प्रबंधन उपकरण (एमएचई) के लिए एक रखरखाव कार्यक्रम बनाने से नियमित रखरखाव सुनिश्चित करने में मदद मिलती है और अप्रत्याशित टूटने या विफलताओं को रोका जा सकता है। विशिष्ट रखरखाव कार्य और आवृत्ति उपकरण के प्रकार और निर्माता की सिफारिशों के आधार पर भिन्न हो सकती है। हालाँकि, रखरखाव कार्यक्रम बनाने के लिए यहां कुछ सामान्य दिशानिर्देश दिए गए हैं:

1. **निर्माता दिशानिर्देश देखें** : उपकरण निर्माता की रखरखाव सिफारिशों और दिशानिर्देशों से परामर्श लें। वे अक्सर उपकरण मॉडल के लिए विशिष्ट विस्तृत कार्यक्रम और निर्देश प्रदान करते हैं।

2. **दैनिक उपयोग-पूर्व निरीक्षण** : प्रत्येक उपयोग से पहले उपकरण का दृश्य निरीक्षण करें। किसी भी दृश्यमान क्षति, रिसाव, ढीले हिस्से या असामान्य आवाज़ की जाँच करें। सुनिश्चित करें कि सुरक्षा सुविधाएँ क्रियाशील हैं और सभी नियंत्रण सही ढंग से काम कर रहे हैं।

3. **नियमित स्नेहन** : निर्माता द्वारा अनुशंसित अनुसार चलने वाले हिस्सों को चिकनाई दें। इसमें ग्रीसिंग बियरिंग्स, चेन, पिवोट्स और स्लाइड शामिल हो सकते हैं। अनुशंसित स्नेहन अंतराल का पालन करें और उचित स्नेहक का उपयोग करें।

4. **फिल्टर और द्रव की जांच** : निर्माता की सिफारिशों के अनुसार एयर फिल्टर या हाइड्रोलिक फिल्टर जैसे फिल्टर का नियमित रूप से निरीक्षण करें और बदलें। इंजन तेल, हाइड्रोलिक तेल और शीतलक जैसे तरल पदार्थ के स्तर की निगरानी करें, और आवश्यकतानुसार तरल पदार्थ भरें या बदलें।

5. **विद्युत घटकों का निरीक्षण** : विद्युत कनेक्शन, तारों और केबलों में टूट-फूट, क्षति या ढीले कनेक्शन के संकेतों की जाँच करें। उचित कामकाज के लिए बैटरियों, टर्मिनलों और चार्जिंग सिस्टम का निरीक्षण करें और सुनिश्चित करें कि उनका अच्छी तरह से रखरखाव किया गया है।

6. **टायर रखरखाव** : टायरों की टूट-फूट, क्षति या पंक्चर का निरीक्षण करें। उचित टायर दबाव बनाए रखें और सुनिश्चित करें कि टायर संतुलित हैं। समान घिसाव को बढ़ावा देने के लिए निर्माता द्वारा अनुशंसित टायरों को घुमाएँ।

7. **सुरक्षा सुविधाओं का निरीक्षण** : आपातकालीन स्टॉप बटन, चेतावनी रोशनी, अलार्म और सुरक्षा इंटरलॉक सहित सुरक्षा सुविधाओं का नियमित रूप से निरीक्षण करें। सत्यापित करें कि सभी सुरक्षा तंत्र सही ढंग से काम कर रहे हैं और किसी भी समस्या का तुरंत समाधान करें।

8. **अंशांकन और परीक्षण** : सुरक्षा मानकों की सटीकता और अनुपालन सुनिश्चित करने के लिए समय-समय पर उपकरण प्रणालियों, जैसे भार क्षमता संकेतक, वजन स्केल, या उठाने वाले तंत्र को अंशांकित और परीक्षण करें।

9. **अनुसूचित रखरखाव कार्य** : निर्माता के अनुशंसित रखरखाव कार्यों और अंतरालों का पालन करें, जिसमें विशिष्ट निरीक्षण, समायोजन या घटक प्रतिस्थापन शामिल हो सकते हैं। ये कार्य परिचालन घंटों, बीता हुआ समय या विशिष्ट उपयोग मानदंडों पर आधारित हो सकते हैं।

10. **दस्तावेज़ीकरण** : निरीक्षण रिपोर्ट, रखरखाव कार्यक्रम, सेवा रिकॉर्ड, मरम्मत और घटक प्रतिस्थापन सहित सभी रखरखाव गतिविधियों का विस्तृत रिकॉर्ड बनाए रखें। यह दस्तावेज़ रखरखाव इतिहास को ट्रैक करने और भविष्य की योजना को सुविधाजनक बनाने में मदद करता है।

उपकरण की विशिष्ट आवश्यकताओं, परिचालन वातावरण और किसी भी नियामक आवश्यकताओं के आधार पर रखरखाव कार्यक्रम को अनुकूलित करना याद रखें। किसी भी बदलाव, उपकरण उन्नयन, या ऑपरेटरों और रखरखाव कर्मियों से प्रतिक्रिया को शामिल करने के लिए रखरखाव कार्यक्रम की नियमित रूप से समीक्षा और अद्यतन करें।

2.12 निवारक रखरखाव (Preventive Maintenance) : निवारक रखरखाव

से तात्पर्य उपकरण की विफलता को रोकने और सामग्री प्रबंधन उपकरण (एमएचई) के विश्वसनीय प्रदर्शन को सुनिश्चित करने के लिए किए गए योजनाबद्ध और सक्रिय उपायों से है। इसमें पूर्व निर्धारित कार्यक्रम या उपकरण निर्माता की सिफारिशों के आधार पर नियमित निरीक्षण, सर्विसिंग और मरम्मत करना शामिल है।

निवारक रखरखाव का लक्ष्य उपकरण में खराबी या व्यवधान पैदा करने से पहले संभावित मुद्दों की पहचान करना और उनका समाधान करना है।

यहां निवारक रखरखाव के कुछ प्रमुख पहलू दिए गए हैं:

1. **निर्धारित निरीक्षण** : टूट-फूट, क्षति या संभावित समस्याओं के संकेतों की पहचान करने के लिए एमएचई का नियमित निरीक्षण करें। ये निरीक्षण उपकरण के प्रकार और उपयोग की तीव्रता के आधार पर दैनिक, साप्ताहिक, मासिक या संचालन घंटों पर आधारित हो सकते हैं।

2. **स्नेहन और द्रव जांच** : अनुशंसित स्नेहन अनुसूची का पालन करें और सुनिश्चित करें कि सभी चलने वाले हिस्से ठीक से चिकनाईयुक्त हैं। नियमित रूप से तरल पदार्थ के स्तर की जाँच करें और आवश्यकतानुसार तरल पदार्थ भरें या बदलें।

3. **फ़िल्टर प्रतिस्थापन** : निर्माता के दिशानिर्देशों के आधार पर एयर फ़िल्टर, तेल फ़िल्टर और हाइड्रोलिक फ़िल्टर जैसे फ़िल्टर बदलें। यह इष्टतम उपकरण प्रदर्शन को बनाए रखने और दूषित पदार्थों के निर्माण को रोकने में मदद करता है।

4. **घटक अंशांकन** : सटीक माप और सिस्टम प्रदर्शन सुनिश्चित करने के लिए उपकरण घटकों, सेंसर और नियंत्रणों को अंशांकित करें। इसमें लोड सेल, वजन मापने के पैमाने, गति नियंत्रण या तापमान सेंसर शामिल हो सकते हैं।

5. **बेल्ट और चेन तनाव** : उचित कार्य सुनिश्चित करने और फिसलन या अत्यधिक घिसाव को रोकने के लिए बेल्ट या चेन तनाव को नियमित रूप से जांचें और समायोजित करें।

6. **विद्युत प्रणाली निरीक्षण** : टूट-फूट, क्षति या ढीले कनेक्शन के संकेतों के लिए विद्युत कनेक्शन, वायरिंग और घटकों का निरीक्षण करें। कनेक्शन कसें, क्षतिग्रस्त तारों को बदलें, और बिजली संबंधी समस्याओं का तुरंत समाधान करें।

7. **सुरक्षा सुविधा जांच** : आपातकालीन स्टॉप बटन, सुरक्षा इंटरलॉक, चेतावनी रोशनी और अलार्म जैसी सुरक्षा सुविधाओं की कार्यक्षमता को सत्यापित करें। सुनिश्चित करें कि इन सुविधाओं का नियमित रूप से परीक्षण किया जाता है और अच्छी कार्यशील स्थिति में हैं।

2.13 ब्रेकडाउन रखरखाव (Breakdown Maintenance) :

ब्रेकडाउन रखरखाव, जिसे सुधारात्मक या प्रतिक्रियाशील रखरखाव के रूप में भी जाना जाता है, में उपकरण विफलताओं को संबोधित करना और ब्रेकडाउन होने के बाद मरम्मत करना शामिल है। यह एक प्रतिक्रियाशील दृष्टिकोण है जहां किसी खराबी या उपकरण विफलता के जवाब में रखरखाव गतिविधियां शुरू की जाती हैं। जबकि निवारक रखरखाव का उद्देश्य ब्रेकडाउन को कम करना है, अप्रत्याशित परिस्थितियों के लिए ब्रेकडाउन रखरखाव आवश्यक है। ब्रेकडाउन रखरखाव के कुछ प्रमुख पहलू यहां दिए गए हैं:

1. **त्वरित प्रतिक्रिया** : डाउनटाइम को कम करने और यथाशीघ्र परिचालन फिर से शुरू करने के लिए उपकरण की खराबी का तुरंत समाधान करें।

2. **समस्या निवारण और निदान** : खराबी के मूल कारण की पहचान करें और आवश्यक मरम्मत या प्रतिस्थापन निर्धारित करने के लिए समस्या निवारण करें।

3. **पार्ट्स रिप्लेसमेंट** : दोषपूर्ण या क्षतिग्रस्त हिस्सों को नए से बदलें या उपकरण को उसकी परिचालन स्थिति में लाने के लिए मरम्मत करें।

4. **दस्तावेज़ीकरण** : ब्रेकडाउन रखरखाव गतिविधियों का रिकॉर्ड बनाए रखें, जिसमें ब्रेकडाउन की प्रकृति, की गई मरम्मत और भविष्य में इसी तरह के ब्रेकडाउन से बचने के लिए किए गए निवारक उपाय शामिल हैं।

यह ध्यान रखना महत्वपूर्ण है कि जहां अप्रत्याशित ब्रेकडाउन को कम करने के लिए निवारक रखरखाव को प्राथमिकता दी जाती है, वहीं ब्रेकडाउन रखरखाव अप्रत्याशित विफलताओं को दूर करने के लिए बैकअप के रूप में कार्य करता है। एक प्रभावी रखरखाव रणनीति एमएचई के विश्वसनीय और कुशल प्रदर्शन को सुनिश्चित करने के लिए निवारक और ब्रेकडाउन रखरखाव दोनों दृष्टिकोणों को जोड़ती है।

2.14 निवारक और ब्रेक डाउन रखरखाव से निपटने की प्रक्रिया (**Procedure for handling Preventive and Break down maintenance**):

निवारक रखरखाव संभालना:

1. **एक रखरखाव अनुसूची स्थापित करें** : उपकरण निर्माता की सिफारिशों, उद्योग की सर्वोत्तम प्रथाओं और सामग्री प्रबंधन उपकरण (एमएचई) की विशिष्ट आवश्यकताओं के आधार पर एक रखरखाव कार्यक्रम विकसित करें। निरीक्षण, सर्विसिंग और घटक प्रतिस्थापन की आवृत्ति निर्धारित करें।

2. **रखरखाव चेकलिस्ट बनाएं** : चेकलिस्ट विकसित करें जो निवारक रखरखाव के दौरान किए जाने वाले कार्यों की रूपरेखा तैयार करें। स्नेहन, फ़िल्टर प्रतिस्थापन, द्रव जांच, विद्युत प्रणाली निरीक्षण और सुरक्षा सुविधा जांच जैसे आइटम शामिल करें। सुनिश्चित करें कि चेकलिस्ट आसानी से पहुंच योग्य हैं और रखरखाव कर्मियों द्वारा कुशलतापूर्वक पूरा किया जा सकता है।

3. **जिम्मेदारियाँ सौंपें** : निवारक रखरखाव कार्यों को पूरा करने के लिए जिम्मेदार व्यक्तियों या एक रखरखाव टीम को नामित करें। भूमिकाओं, जिम्मेदारियों और अपेक्षाओं को स्पष्ट रूप से संप्रेषित करें ताकि यह सुनिश्चित हो सके कि हर कोई अपने कर्तव्यों को समझता है और उन्हें प्रभावी ढंग से निष्पादित कर सकता है।

4. **नियमित निरीक्षण करें** : टूट-फूट, क्षति या संभावित समस्याओं के संकेतों की पहचान करने के लिए एक नियमित निरीक्षण कार्यक्रम लागू करें। निरीक्षण दैनिक, साप्ताहिक, मासिक या विशिष्ट परिचालन घंटों पर आधारित हो सकते हैं। मैकेनिकल, इलेक्ट्रिकल, हाइड्रोलिक और सुरक्षा सुविधाओं सहित सभी प्रासंगिक घटकों का निरीक्षण करें।

5. **स्नेहन और द्रव प्रबंधन** : अनुशंसित स्नेहन अनुसूची का पालन करें और उचित स्नेहक का उपयोग करें। नियमित रूप से तरल पदार्थ के स्तर की निगरानी करें और आवश्यकतानुसार तरल पदार्थ भरें या बदलें। स्नेहन और द्रव प्रबंधन गतिविधियों का सटीक रिकॉर्ड रखें।

6. **फ़िल्टर प्रतिस्थापन** : फ़िल्टर प्रतिस्थापन, जैसे एयर फ़िल्टर, तेल फ़िल्टर और हाइड्रोलिक फ़िल्टर के लिए निर्माता के दिशानिर्देशों का पालन करें। क्लॉगिंग या संदूषण के लिए नियमित रूप से फिल्टर का निरीक्षण करें और आवश्यकतानुसार उन्हें बदलें।

7. **अंशांकन और परीक्षण** : सटीक माप और विश्वसनीय सिस्टम प्रदर्शन सुनिश्चित करने के लिए उपकरण घटकों, सेंसर और नियंत्रणों का अंशांकन और परीक्षण करें। निर्माता के निर्देशों या नियामक आवश्यकताओं के अनुसार अंशांकन कार्य करें।

8. **सुरक्षा सुविधा जांच** : आपातकालीन स्टॉप बटन, सुरक्षा इंटरलॉक, चेतावनी रोशनी और अलार्म सहित सुरक्षा सुविधाओं की कार्यक्षमता को नियमित रूप से सत्यापित करें। यह सुनिश्चित करने के लिए कि वे अच्छी कार्यशील स्थिति में हैं, इन सुविधाओं का समय-समय पर परीक्षण करें।

ब्रेकडाउन रखरखाव को संभालना :

1. **घटना की रिपोर्टिंग** : उपकरण टूटने की तुरंत रिपोर्ट करने के लिए एक प्रणाली लागू करें। उचित पक्षों को खराबी की रिपोर्ट करने के लिए ऑपरेटरों या रखरखाव कर्मियों के लिए स्पष्ट संचार चैनल और प्रोटोकॉल स्थापित करें।

2. **घटना का आकलन** : ब्रेकडाउन रिपोर्ट प्राप्त होने पर, समस्या की प्रकृति और गंभीरता का आकलन करें। निर्धारित करें कि क्या तत्काल कार्रवाई की आवश्यकता है या मरम्मत की प्रतीक्षा में उपकरण अभी भी अस्थायी रूप से कार्य कर सकता है।

3. **समस्या निवारण और निदान** : खराबी के मूल कारण की पहचान करने के लिए समस्या निवारण और निदान प्रक्रियाएं करने के लिए कुशल तकनीशियनों को नियुक्त करें। समस्या की सटीक पहचान करने के लिए उपकरण, उपकरण मैनुअल और अनुभव का उपयोग करें।

4. **मरम्मत या प्रतिस्थापन** : एक बार टूटने का कारण निर्धारित हो जाने पर, आवश्यक मरम्मत या पुर्जों को बदलने का कार्य करें। सुनिश्चित करें कि उपयुक्त स्पेयर पार्ट्स उपलब्ध हैं, और उपकरण को उसकी परिचालन स्थिति में बहाल करने के लिए विश्वसनीय मरम्मत तकनीकों का उपयोग करें।

5. **दस्तावेज़ीकरण** : ब्रेकडाउन की घटनाओं का संपूर्ण रिकॉर्ड बनाए रखें, जिसमें ब्रेकडाउन की प्रकृति, की गई मरम्मत, बदले गए हिस्से और भविष्य में ब्रेकडाउन को रोकने के लिए किए गए कोई भी अतिरिक्त उपाय शामिल हैं। ये रिकॉर्ड भविष्य के रखरखाव और समस्या निवारण उद्देश्यों के लिए मूल्यवान संदर्भ के रूप में काम करते हैं।

6. **विश्लेषण और सुधार** : किसी भी पैटर्न या आवर्ती मुद्दों की पहचान करने के लिए ब्रेकडाउन की घटनाओं का विश्लेषण करें। इस जानकारी का उपयोग निवारक रखरखाव प्रथाओं में सुधार करने, उपकरण उन्नयन या संशोधन के लिए क्षेत्रों की पहचान करने और भविष्य में इसी तरह की खराबी को रोकने के लिए सुधारात्मक कार्रवाइयों को लागू करने के लिए करें।

निवारक और ब्रेकडाउन रखरखाव दोनों के लिए स्पष्ट प्रक्रियाएं स्थापित करके, संगठन रखरखाव गतिविधियों को प्रभावी ढंग से संभाल सकते हैं, डाउनटाइम को कम कर सकते हैं, उपकरण के जीवनकाल को बढ़ा सकते हैं और सामग्री प्रबंधन उपकरणों के विश्वसनीय और कुशल प्रदर्शन को बढ़ावा दे सकते हैं।

वस्तुनिष्ठ प्रश्न

1. बंदरगाहों पर जहाजों से माल उतारने और चढ़ाने के लिए आमतौर पर किस प्रकार के उपकरण का उपयोग किया जाता है?

ए) फोर्कलिफ्ट ट्रक   बी) स्ट्रैडल कैरियर

सी) मोबाइल हार्बर क्रेन (एमएचसी)   डी) पोर्ट ट्रैकर

उत्तर: सी) मोबाइल हार्बर क्रेन (एमएचसी)

2. कौन सा एमएचई विशेष रूप से बंदरगाह क्षेत्र के भीतर क्षैतिज परिवहन के लिए डिज़ाइन किया गया है और आमतौर पर पूर्व निर्धारित पथ का अनुसरण करता है?

ए) फोर्कलिफ्ट ट्रक   बी) स्वचालित गाइड वाहन
(एजीवी)

सी) वाइड स्पैन क्रेन (डब्ल्यूएससी)   डी) रेल माउंटेड यार्ड गैन्ट्री क्रेन

उत्तर: बी) स्वचालित गाइड वाहन (एजीवी)

3. उपकरण विफलताओं को रोकने और इष्टतम प्रदर्शन सुनिश्चित करने के लिए नियमित अंतराल पर किए जाने वाले रखरखाव को क्या कहते हैं?

ए) निवारक रखरखाव

बी) ब्रेकडाउन रखरखाव

ग) प्रतिक्रियाशील रखरखाव

घ) सुधारात्मक रखरखाव

उत्तर: ए) निवारक रखरखाव

4. अप्रत्याशित उपकरण विफलताओं या खराबी के जवाब में किस प्रकार का रखरखाव किया जाता है?

ए) पूर्वानुमानित रखरखाव

बी) नियोजित रखरखाव

सी) ब्रेकडाउन रखरखाव

डी) नियमित रखरखाव

उत्तर: सी) ब्रेकडाउन रखरखाव

5. सामग्री प्रबंधन उपकरण के लिए निवारक रखरखाव का प्राथमिक लक्ष्य क्या है?

ए) उपकरण डाउनटाइम और मरम्मत लागत को कम करने के लिए

ख) कार्रवाई करने से पहले उपकरण खराब होने तक इंतजार करना

ग) ऑपरेटर प्रशिक्षण आवश्यकताओं को कम करना

घ) नियमित रखरखाव पर ध्यान न देना और लागत बचाना

उत्तर: ए) उपकरण डाउनटाइम और मरम्मत लागत को कम करने के लिए

6. निम्नलिखित में से कौन सा बंदरगाह संचालन में उपयोग किया जाने वाला सामान्य एमएचई नहीं है?

ए) स्ट्रैडल कैरियर

बी) रेल माउंटेड यार्ड गैन्ट्री क्रेन

सी) मल्टी ट्रेलर्स

डी) निष्क्रिय वाहन

उत्तर: डी) निष्क्रिय वाहन

7. सामग्री प्रबंधन उपकरण के लिए रखरखाव अनुसूची का उद्देश्य क्या है?

ए) उपकरण की खरीद लागत निर्धारित करने के लिए

बी) उपकरण के उपयोग के घंटों पर नज़र रखने के लिए

ग) रखरखाव गतिविधियों की योजना बनाना और उनका दस्तावेजीकरण करना

घ) उपकरण प्रतिस्थापन को शेड्यूल करना

उत्तर: सी) रखरखाव गतिविधियों की योजना बनाना और दस्तावेजीकरण करना

8. सामग्री प्रबंधन उपकरण के संदर्भ में एमएचई का क्या अर्थ है?

ए) मटेरियल हैंडलिंग इंजीनियरिंग

ख) मोबाइल भारी उपकरण

ग) रखरखाव और हैंडलिंग उपकरण

घ) सामग्री प्रबंधन उपकरण

उत्तर: डी) सामग्री प्रबंधन उपकरण

9. गोदाम भंडारण प्रणालियों में माल को ढेर करने और पुनर्प्राप्त करने के लिए अक्सर किस एमएचई का उपयोग किया जाता है?

ए) टग मास्टर

बी) रैक स्टेकर

सी) मल्टी ट्रेलर्स

डी) पोर्ट ट्रैकर

उत्तर: बी) रैक स्टेकर

10. बंदरगाह के कंटेनर यार्ड के भीतर कार्गो कंटेनरों को ले जाने के लिए आमतौर पर किस प्रकार की क्रेन का उपयोग किया जाता है?

ए) फोर्कलिफ्ट ट्रक

बी) वाइड स्पैन क्रेन (डब्ल्यूएससी)

सी) स्ट्रैडल कैरियर

डी) रखरखाव अनुसूची

उत्तर: सी) स्ट्रैडल कैरियर

शब्द सीमा (80-100)

1. बंदरगाह संचालन में शिप-टू-शोर (एसटीएस) गैन्ट्री क्रेन की भूमिका समझाएं।

2. सामग्री प्रबंधन उपकरण (एमएचई) में रखरखाव का क्या महत्व है?

3. एमएचई के लिए निवारक और ब्रेकडाउन रखरखाव के बीच अंतर करें।

4. स्वचालित गाइड वाहन (एजीवी) क्या हैं, और वे सामग्री प्रबंधन दक्षता में कैसे योगदान करते हैं?

5. बंदरगाह संचालन में स्ट्रैडल कैरियर्स की भूमिका की व्याख्या करें।

6. **सामग्री प्रबंधन में टग मास्टर का उद्देश्य क्या है और इसका उपयोग आमतौर पर कहाँ किया जाता है?**

शब्द सीमा (180-200)

प्रश्न:1 बंदरगाह पर, विशेष रूप से जहाज-से-तट संचालन में उपयोग के लिए सामग्री हैंडलिंग उपकरण (एमएचई) का चयन करते समय मुख्य विचार क्या हैं?

प्रश्न:2 बंदरगाह के सामग्री प्रबंधन कार्यों में स्वचालित गाइड वाहन (एजीवी) को लागू करने के क्या फायदे हैं, और वे निष्क्रिय वाहनों से कैसे भिन्न हैं?

प्रश्न:3 बंदरगाह सेटिंग में सामग्री हैंडलिंग उपकरण (एमएचई) के लिए निवारक और ब्रेकडाउन रखरखाव के बीच प्राथमिक अंतर क्या हैं?

प्रश्न:4 क्या आप उपकरण की विश्वसनीयता में इसकी भूमिका पर जोर देते हुए बंदरगाह के सामग्री हैंडलिंग उपकरण (एमएचई) बेड़े में निवारक रखरखाव से निपटने के लिए सामान्य प्रक्रिया की रूपरेखा तैयार कर सकते हैं?

यूनिट-3 कंटेनर यार्ड

सीखने का उद्देश्य

❖ कंटेनर यार्ड की अवधारणा को समझें।

❖ कंटेनर यार्ड की विशेषताएं और प्रकार जानें।

❖ कंटेनर यार्ड के कार्यों को समझाइये।

❖ कंटेनर यार्ड के दायरे को परिभाषित करें।

❖ किसी उपकरण के लाभ और सीमाओं को पहचानें

❖ कंटेनर यार्ड।

❖ कंटेनर यार्ड के अवसरों और चुनौतियों को पहचानें।

अंतर्वस्तु

❖ कंटेनर यार्ड

❖ स्टॉक यार्ड और पोर्ट साइड यार्ड,

❖ लोडिंग और अनलोडिंग प्रक्रियाएं, ट्रक लोडिंग और पोर्ट साइड लोडिंग

❖ कंटेनर क्रेन,

❖ बहुउद्देशीय क्रेन,

❖ कंटेनरों, स्लिंग्स, रस्सियों और ब्लॉकों पर उठाने की सुविधा

❖ टर्मिनल चेसिस,

❖ रोड चेसिस और

❖ ओवरहेड ब्रिज क्रेन

❖ यार्ड में कंटेनर की मरम्मत सुविधाएं,

❖ कंटेनर के लिए सुरक्षा भार,

❖ कंटेनर सुरक्षा का प्रमाणीकरण

3.1 कंटेनर यार्ड (Container Yard) :

एक कंटेनर यार्ड, जिसे कंटेनर टर्मिनल या डिपो के रूप में भी जाना जाता है, एक बंदरगाह या टर्मिनल के भीतर एक निर्दिष्ट क्षेत्र है जहां शिपिंग कंटेनरों को परिवहन के विभिन्न तरीकों के बीच संग्रहीत, प्रबंधित और स्थानांतरित किया जाता है। कंटेनर यार्ड वैश्विक आपूर्ति श्रृंखला में एक महत्वपूर्ण भूमिका निभाते हैं, जो समुद्री परिवहन और भूमि-आधारित रसद के बीच इंटरफेस के रूप में कार्य करते हैं। कंटेनर यार्ड के कुछ प्रमुख पहलू यहां दिए गए हैं:

कंटेनर यार्ड के कार्य:

1. **कंटेनर भंडारण** : कंटेनर यार्ड शिपिंग कंटेनरों के भंडारण के लिए एक सुरक्षित और व्यवस्थित स्थान प्रदान करते हैं। कंटेनरों को आम तौर पर विशेष हैंडलिंग उपकरण जैसे स्ट्रैडल कैरियर, रीच स्टेकर या यार्ड क्रेन का उपयोग करके पंक्तियों या ब्लॉकों में ढेर किया जाता है।

2. **कंटेनर हैंडलिंग** : कंटेनर यार्ड यार्ड के भीतर कंटेनरों की आवाजाही और हैंडलिंग की सुविधा प्रदान करते हैं। इसमें कंटेनर क्रेन, रीच स्टेकर या टर्मिनल ट्रैक्टर जैसे विभिन्न उपकरणों का उपयोग करके ट्रकों, रेलकारों या जहाजों से कंटेनरों को लोड करना और उतारना शामिल है।

3. **कंटेनर स्थानांतरण** : कंटेनर यार्ड परिवहन के विभिन्न तरीकों, जैसे जहाजों, ट्रकों, ट्रेनों या बजरों के बीच कंटेनरों के हस्तांतरण को सक्षम करते हैं। कंटेनरों को यार्ड के भीतर विभिन्न परिवहन साधनों से लोड या अनलोड किया जा सकता है।

4. **कंटेनर निरीक्षण** : कंटेनर यार्ड क्षति, स्थिति और अंतरराष्ट्रीय मानकों और विनियमों के अनुपालन के लिए कंटेनरों के निरीक्षण के लिए एक स्थान प्रदान करते हैं। निरीक्षण से परिवहन के लिए कंटेनरों की सुरक्षा और उपयुक्तता सुनिश्चित करने में मदद मिलती है।

5. **दस्तावेज़ीकरण और प्रशासन** : कंटेनर यार्ड दस्तावेज़ीकरण, सीमा शुल्क निकासी और कंटेनर इन्वेंट्री की ट्रैकिंग सहित कंटेनर

आंदोलनों से संबंधित प्रशासनिक कार्यों को संभालते हैं। इसमें कंटेनर बुकिंग, गेट प्रक्रियाओं का प्रबंधन और शिपिंग लाइनों और लॉजिस्टिक्स प्रदाताओं के साथ समन्वय करना शामिल है।

6. **मरम्मत और रखरखाव** : कंटेनर यार्ड में अक्सर कंटेनर की मरम्मत और रखरखाव की सुविधाएं होती हैं। ये सुविधाएं कंटेनरों की नियमित मरम्मत, सफाई और नवीनीकरण का काम संभालती हैं ताकि उनकी सेवाक्षमता सुनिश्चित की जा सके और उनका जीवनकाल बढ़ाया जा सके।

कंटेनर यार्ड के घटक:

कंटेनर यार्ड वैश्विक लॉजिस्टिक्स बुनियादी ढांचे के महत्वपूर्ण घटक हैं, जो शिपिंग कंटेनरों के कुशल भंडारण, हैंडलिंग और हस्तांतरण को सक्षम करते हैं।

1. **स्टैकिंग क्षेत्र** : यह पंक्तियों या ब्लॉकों में कंटेनरों को स्टैक करने के लिए निर्दिष्ट स्थान है। यह वह जगह है जहां पारगमन में नहीं होने पर कंटेनरों को संग्रहीत किया जाता है।

2. **हैंडलिंग उपकरण** : कंटेनर यार्ड विभिन्न हैंडलिंग उपकरणों जैसे स्ट्रैडल कैरियर, रीच स्टेकर, टर्मिनल ट्रैक्टर या यार्ड क्रेन से सुसज्जित हैं। ये मशीनें यार्ड के भीतर कंटेनरों की आवाजाही, उठाने और स्थिति की सुविधा प्रदान करती हैं।

3. **गेट क्षेत्र** : गेट क्षेत्र कंटेनर यार्ड के प्रवेश और निकास बिंदु के रूप में कार्य करता है। यह वह जगह है जहां कंटेनरों की जांच की जाती है, उन्हें पंजीकृत किया जाता है और प्रवेश या निकास के लिए अधिकृत किया जाता है। गेट प्रक्रियाओं में सुरक्षा जांच, दस्तावेज़ सत्यापन और सीमा शुल्क प्रक्रियाएं शामिल हैं।

4. **यार्ड प्रबंधन प्रणाली** : कंटेनर यार्ड कंटेनर गतिविधियों, इन्वेंट्री और परिचालन प्रक्रियाओं को ट्रैक और प्रबंधित करने के लिए विशेष सॉफ्टवेयर या यार्ड प्रबंधन प्रणालियों को नियोजित करते हैं। ये सिस्टम यार्ड संचालन को अनुकूलित करते हैं, भीड़भाड़ कम करते हैं और दक्षता में सुधार करते हैं।

आपूर्ति श्रृंखला में वस्तुओं के सुचारू प्रवाह में योगदान करने और अंतर्राष्ट्रीय व्यापार गतिविधियों का समर्थन करने के विभिन्न लाभ हैं।

1. **इंटरमॉडल कनेक्टिविटी** : कंटेनर यार्ड परिवहन के विभिन्न तरीकों के बीच कंटेनरों के निर्बाध हस्तांतरण को सक्षम करते हैं, कुशल इंटरमॉडल कनेक्टिविटी की सुविधा प्रदान करते हैं और वैश्विक व्यापार का समर्थन करते हैं।

2. **कार्गो समेकन और डीकंसोलिडेशन** : कंटेनर यार्ड कार्गो के समेकन और डीकंसोलिडेशन की अनुमति देते हैं, जिससे यार्ड के भीतर माल की कुशल लोडिंग और अनलोडिंग सक्षम हो जाती है।

3. **कुशल ट्रांसशिपमेंट** : रणनीतिक बंदरगाह स्थानों पर स्थित कंटेनर यार्ड ट्रांसशिपमेंट संचालन की सुविधा प्रदान करते हैं, जहां कंटेनरों को विभिन्न जहाजों के बीच स्थानांतरित किया जाता है, जिससे मार्ग दक्षता अनुकूलित होती है और परिवहन लागत कम होती है।

4. **इन्वेंटरी प्रबंधन** : कंटेनर यार्ड कंटेनर इन्वेंट्री के प्रबंधन और ट्रैकिंग के लिए एक केंद्रीकृत स्थान प्रदान करते हैं। यह कंटेनर स्टॉक पर सटीक दृश्यता और नियंत्रण सुनिश्चित करता है , जिससे कुशल योजना और शेड्यूलिंग की सुविधा मिलती है।

5. **सुरक्षित भंडारण** : कंटेनर यार्ड कंटेनरों के लिए सुरक्षित भंडारण सुविधाएं प्रदान करते हैं, जो कार्गो को चोरी, क्षति या प्रतिकूल मौसम की स्थिति से बचाते हैं।

6. **मूल्य-वर्धित सेवाएँ** : कुछ कंटेनर यार्ड विशिष्ट ग्राहक आवश्यकताओं को पूरा करने के लिए कंटेनर की सफाई, मरम्मत या संशोधन जैसी अतिरिक्त सेवाएँ प्रदान कर सकते हैं।

3.2 स्टॉक यार्ड (Stock Yard):

स्टॉक यार्ड, जिसे स्टोरेज यार्ड या स्टॉकपाइल क्षेत्र के रूप में भी जाना जाता है, एक निर्दिष्ट क्षेत्र है जहां सामान, सामग्री, या इन्वेंट्री आइटम को उपयोग, परिवहन या आगे संसाधित होने से पहले अस्थायी रूप से संग्रहीत किया जाता

है। स्टॉक यार्ड आमतौर पर निर्माण, विनिर्माण, खनन और रसद जैसे विभिन्न उद्योगों में पाए जाते हैं। स्टॉक यार्ड के कुछ प्रमुख पहलू यहां दिए गए हैं:

1. **सामान का भंडारण** : स्टॉक यार्ड विभिन्न प्रकार के सामान, सामग्री या उत्पादों के भंडारण के लिए जगह प्रदान करते हैं। इसमें कच्चा माल, तैयार माल, उपकरण, या अन्य इन्वेंट्री आइटम शामिल हो सकते हैं।

2. **संगठन और स्टैकिंग** : स्टॉक यार्ड में सामान आमतौर पर स्थान के उपयोग को अधिकतम करने के लिए व्यवस्थित तरीके से व्यवस्थित और स्टैक किया जाता है। उन्हें उनकी विशेषताओं, आकार या भंडारण आवश्यकताओं के आधार पर पंक्तियों या ब्लॉकों में व्यवस्थित किया जा सकता है।

3. **इन्वेंटरी प्रबंधन** : स्टॉक यार्ड इन्वेंट्री प्रबंधन में महत्वपूर्ण भूमिका निभाते हैं। वे एक अस्थायी होल्डिंग क्षेत्र के रूप में काम करते हैं जहां इन्वेंट्री स्तर की निगरानी की जाती है, और स्टॉक मूवमेंट पर नज़र रखी जाती है। इससे सटीक इन्वेंट्री नियंत्रण की सुविधा मिलती है और जरूरत पड़ने पर माल की उपलब्धता सुनिश्चित करने में मदद मिलती है।

4. **लोडिंग और अनलोडिंग** : स्टॉक यार्ड का उपयोग अक्सर ट्रकों, रेलकारों या परिवहन के अन्य साधनों को लोड करने और उतारने के लिए स्टेजिंग क्षेत्र के रूप में किया जाता है। यह स्टॉक यार्ड से माल के कुशल हस्तांतरण को सक्षम बनाता है।

5. **उपकरण और मशीनरी** : स्टॉक यार्ड को यार्ड के भीतर माल की आवाजाही और परिवहन में सहायता के लिए फोर्कलिफ्ट, क्रेन या कन्वेयर जैसे हैंडलिंग उपकरण से सुसज्जित किया जा सकता है।

6. **सुरक्षा और सुरक्षा** : स्टॉक यार्ड में आमतौर पर संग्रहीत सामान को चोरी, क्षति या अनधिकृत पहुंच से बचाने के लिए सुरक्षा उपाय होते हैं। यार्ड के भीतर दुर्घटनाओं या चोटों को रोकने के लिए सुरक्षा प्रोटोकॉल और दिशानिर्देश भी लागू किए जाते हैं।

3.3 पोर्ट साइड यार्ड **(Port Side Yard):** एक पोर्ट साइड यार्ड, जिसे टर्मिनल यार्ड भी कहा जाता है, एक बंदरगाह या टर्मिनल के भीतर एक विशिष्ट क्षेत्र है जहां जहाजों, ट्रकों, या जैसे विभिन्न तरीकों से परिवहन से पहले या बाद में कार्गो को संग्रहीत, नियंत्रित और समेकित किया जाता है। रेलगाड़ियाँ. पोर्ट साइड यार्ड बंदरगाह संचालन के महत्वपूर्ण घटक हैं, जो कुशल कार्गो हैंडलिंग और लॉजिस्टिक्स की सुविधा प्रदान करते हैं।

यहां पोर्ट साइड यार्ड के कुछ प्रमुख पहलू दिए गए हैं:

1. **कार्गो भंडारण** : पोर्ट साइड यार्ड विभिन्न प्रकार के कार्गो के लिए भंडारण स्थान प्रदान करते हैं, जिनमें कंटेनर, बल्क कार्गो, ब्रेक-बल्क कार्गो या अन्य विशेष कार्गो शामिल हैं। जहाज़ों या अन्य परिवहन साधनों पर माल लादने से पहले या उससे उतारे जाने के बाद यार्ड एक अस्थायी होल्डिंग क्षेत्र के रूप में कार्य करता है ।

2. **यार्ड संगठन** : अंतरिक्ष उपयोग को अनुकूलित करने और कुशल कार्गो हैंडलिंग की सुविधा के लिए पोर्ट साइड यार्ड का आयोजन किया जाता है। कंटेनरों या कार्गो इकाइयों को उनके गंतव्य, शिपिंग लाइन, या अन्य छँटाई मानदंडों के आधार पर पंक्तियों, ब्लॉकों या निर्दिष्ट क्षेत्रों में रखा जा सकता है।

3. **बदलना संचालनः पोर्ट साइड यार्ड** ट्रांसशिपमेंट गतिविधियों में महत्वपूर्ण भूमिका निभाते हैं, जहां कार्गो को बंदरगाह के भीतर विभिन्न जहाजों या परिवहन साधनों के बीच स्थानांतरित किया जाता है। यार्ड सुचारू ट्रांसशिपमेंट संचालन की सुविधा के लिए कार्गो को समेकित या पुनर्वितरित करने के लिए एक केंद्र के रूप में कार्य करता है।

4. **उपकरण और हैंडलिंग** : पोर्ट साइड यार्ड विशेष हैंडलिंग उपकरण जैसे रीच स्टेकर, यार्ड क्रेन या स्ट्रैडल कैरियर से सुसज्जित हैं। ये मशीनें यार्ड के भीतर कंटेनरों या कार्गो इकाइयों की आवाजाही, स्टैकिंग और पुनर्प्राप्ति में सहायता करती हैं।

5. **कंटेनर निरीक्षण और मरम्मत** : पोर्ट साइड यार्ड में अक्सर कंटेनर निरीक्षण, मरम्मत या रखरखाव की सुविधाएं होती हैं। ये सुविधाएं

सुनिश्चित करती हैं कि कंटेनर परिवहन से पहले या बाद में सुरक्षा और गुणवत्ता मानकों को पूरा करते हैं।

6. **दस्तावेज़ीकरण और प्रशासन** : पोर्ट साइड यार्ड दस्तावेज़ीकरण, सीमा शुल्क निकासी और कार्गो ट्रैकिंग सहित कार्गो आंदोलन से संबंधित प्रशासनिक कार्यों को संभालते हैं। इसमें सुचारू कार्गो संचालन सुनिश्चित करने के लिए शिपिंग लाइनों, सीमा शुल्क अधिकारियों और अन्य हितधारकों के साथ समन्वय करना शामिल है।

7. **सुरक्षा और सुरक्षा** : पोर्ट साइड यार्ड कार्गो को चोरी, क्षति या अनधिकृत पहुंच से बचाने के लिए सुरक्षा उपाय लागू करते हैं। कर्मियों और उपकरणों के लिए सुरक्षित कार्य वातावरण बनाए रखने के लिए सुरक्षा प्रोटोकॉल और दिशानिर्देशों का पालन किया जाता है।

माल और सामग्री के सुचारू प्रवाह, प्रभावी इन्वेंट्री प्रबंधन, कार्गो समेकन और समय पर परिवहन को सक्षम करने के लिए स्टॉक यार्ड और पोर्ट साइड यार्ड दोनों का कुशल संचालन महत्वपूर्ण है। ये यार्ड आपूर्ति श्रृंखला में महत्वपूर्ण लिंक के रूप में कार्य करते हैं, जो लॉजिस्टिक्स प्रक्रिया के विभिन्न चरणों के बीच माल के भंडारण, हैंडलिंग और हस्तांतरण की सुविधा प्रदान करते हैं।

3.4 लोडिंग और अनलोडिंग प्रक्रियाएं, ट्रक लोडिंग और पोर्ट साइड लोडिंग (Loading and unloading procedures, Truck loading and Port side loading):

लोडिंग और अनलोडिंग प्रक्रियाएं विशिष्ट संदर्भ के आधार पर भिन्न हो सकती हैं, जैसे ट्रक लोडिंग या पोर्ट साइड लोडिंग। यहां प्रत्येक परिदृश्य के लिए प्रक्रियाओं का विवरण दिया गया है:

ट्रक लोडिंग प्रक्रिया:

1. **भार तैयार करना** :

- सुनिश्चित करें कि सामान ठीक से पैक किया गया है, लेबल किया गया है और परिवहन के लिए सुरक्षित है।
- सत्यापित करें कि लोड ट्रक की क्षमता के अनुकूल है और वजन और आकार प्रतिबंधों को पूरा करता है।

2. **ट्रक तैयार करना :**

- यह सुनिश्चित करने के लिए ट्रक का निरीक्षण करें कि यह उचित कार्यशील स्थिति में है और परिवहन किए जा रहे माल के प्रकार के लिए उपयुक्त है।
- सुनिश्चित करें कि ट्रक लोडिंग के लिए सही ढंग से स्थित है, लोडिंग डॉक या रैंप ट्रक बिस्तर के साथ संरेखित है।

3. **लोड प्लेसमेंट :**

- लोड स्थिरता, वजन वितरण और सुरक्षित परिवहन सुनिश्चित करने के लिए ट्रक के भीतर माल का इष्टतम स्थान निर्धारित करें।
- सामान को ट्रक पर सावधानीपूर्वक लोड करने के लिए फोर्कलिफ्ट या पैलेट जैक जैसे उचित हैंडलिंग उपकरण का उपयोग करें।

4. **भार सुरक्षित करना :**

- पारगमन के दौरान स्थानांतरण या क्षति को रोकने के लिए उचित तरीकों, जैसे पट्टियों, रस्सियों या लोड बार का उपयोग करके लोड को सुरक्षित करें।
- सुनिश्चित करें कि भार समान रूप से वितरित है और ट्रक की भार वहन क्षमता से अधिक नहीं है।

5. **दस्तावेज़ीकरण और सत्यापन :**

- मात्रा, वजन और किसी विशिष्ट हैंडलिंग निर्देश सहित लोड किए गए सामान के विवरण का दस्तावेज़ीकरण करें।
- दस्तावेज़ीकरण की सटीकता सत्यापित करें और सुनिश्चित करें कि आवश्यक शिपिंग दस्तावेज़ लोड के साथ हों।

पोर्ट साइड लोडिंग प्रक्रिया:

1. **भार तैयार करना :**

* सुनिश्चित करें कि सामान ठीक से पैक किया गया है, लेबल किया गया है और बंदरगाह नियमों और अंतरराष्ट्रीय शिपिंग मानकों के अनुरूप है।
* सत्यापित करें कि लोड शिपिंग कंटेनर या जहाज के साथ संगत है और वजन और आकार प्रतिबंधों को पूरा करता है।

2. **कंटेनर प्लेसमेंट :**

* स्थान के उपयोग को अधिकतम करने और लोड स्थिरता सुनिश्चित करने के लिए शिपिंग कंटेनर या जहाज के भीतर माल का इष्टतम स्थान निर्धारित करें।
* सामान को कंटेनर या जहाज में लोड करने के लिए क्रेन या फोर्कलिफ्ट जैसे उचित हैंडलिंग उपकरण का उपयोग करें।

3. **भार सुरक्षित करना :**

* पारगमन के दौरान स्थानांतरण या क्षति को रोकने के लिए, उचित तरीकों, जैसे लैशिंग, ब्रेसिंग, या डनेज का उपयोग करके कंटेनर या जहाज के अंदर लोड को सुरक्षित करें।
* समुद्री परिवहन में कार्गो सुरक्षित करने के लिए अंतरराष्ट्रीय मानकों और दिशानिर्देशों का पालन करें।

4. **दस्तावेज़ीकरण और सत्यापन :**

* मात्रा, वजन और किसी विशिष्ट हैंडलिंग निर्देश सहित लोड किए गए सामान के विवरण का दस्तावेजीकरण करें।
* दस्तावेज़ीकरण की सटीकता सत्यापित करें और सुनिश्चित करें कि आवश्यक शिपिंग दस्तावेज़ लोड के साथ हों।

यह ध्यान रखना महत्वपूर्ण है कि ट्रक लोडिंग प्रक्रियाएं मुख्य रूप से सड़क परिवहन के लिए ट्रक पर सामान लोड करने पर केंद्रित होती हैं, जबकि पोर्ट साइड लोडिंग प्रक्रियाओं में समुद्री परिवहन के लिए शिपिंग कंटेनरों या जहाजों में सामान लोड करना शामिल होता है। बाद वाले को माल की सुरक्षित और कुशल लोडिंग और परिवहन सुनिश्चित करने के लिए विशिष्ट बंदरगाह नियमों और अंतरराष्ट्रीय शिपिंग मानकों के पालन की आवश्यकता हो सकती है।

3.5 कंटेनर क्रेन (Container Cranes):

कंटेनर क्रेन, जिन्हें जहाज-से-किनारे क्रेन या गैन्ट्री क्रेन के रूप में भी जाना जाता है, बड़े, विशेष क्रेन हैं जिनका उपयोग बंदरगाह टर्मिनलों में जहाजों या अन्य परिवहन साधनों से कंटेनरों को लोड करने और उतारने के लिए किया जाता है। वे समुद्री रसद में कुशल कंटेनर संचालन के लिए आवश्यक हैं। यहां कंटेनर क्रेन के कुछ प्रमुख पहलू दिए गए हैं:

कंटेनर क्रेन के प्रकार:

1. **शिप-टू-शोर क्रेन (एसटीएस):** ये क्रेन आमतौर पर कंटेनर टर्मिनलों में उपयोग की जाती हैं और इनमें उठाने की क्षमता अधिक होती है। इन्हें कंटेनरों को लोड करने और उतारने के लिए जहाज के डेक की चौड़ाई तक पहुंचने के लिए डिज़ाइन किया गया है।

2. **रेल-माउंटेड गैन्ट्री क्रेन (आरएमजी):** ये क्रेन रबर-थर्ड गैन्ट्री से सुसज्जित हैं जो रेल पर चलती हैं। वे आमतौर पर इंटरमॉडल यार्ड में उपयोग किए जाते हैं और कंटेनरों को संभालने के लिए कई ट्रैक का विस्तार कर सकते हैं।

3. **रबर-टायर गैन्ट्री क्रेन (आरटीजी):** ये क्रेन रबर के टायरों पर लगे होते हैं और टर्मिनल यार्ड के भीतर क्षैतिज रूप से चल सकते हैं। वे बहुमुखी हैं और स्टैक क्षेत्रों और ट्रक लेन दोनों में कंटेनरों को संभाल सकते हैं।

4. **स्वचालित स्टैकिंग क्रेन (एएससी):** ये पूरी तरह से स्वचालित क्रेन हैं जो उच्च घनत्व वाले स्टैकिंग क्षेत्रों में कंटेनरों को संभालने के लिए उन्नत तकनीक और कंप्यूटर सिस्टम का उपयोग करते हैं। वे मानवीय हस्तक्षेप की आवश्यकता के बिना कंटेनरों को ढेर कर सकते हैं और पुनः प्राप्त कर सकते हैं।

कंटेनर क्रेन के कार्य और लाभ:

1. **कंटेनर हैंडलिंग:** कंटेनर क्रेन को जहाजों, ट्रकों या रेलकारों से कंटेनरों को कुशलतापूर्वक लोड और अनलोड करने के लिए डिज़ाइन किया गया है। उनके पास उच्च उठाने की क्षमता और पहुंच

है, जो उन्हें विभिन्न आकार और वजन के कंटेनरों को संभालने की अनुमति देती है।

2. **तीव्र संचालन** : कंटेनर क्रेन तेजी से लोडिंग और अनलोडिंग संचालन को सक्षम करते हैं, जहाज के टर्नअराउंड समय को कम करते हैं और समग्र बंदरगाह उत्पादकता में सुधार करते हैं।

3. **लचीलापन और बहुमुखी प्रतिभा** : कंटेनर क्रेन विभिन्न प्रकार के कंटेनरों को संभाल सकते हैं, जिनमें मानक आईएसओ कंटेनर, प्रशीतित कंटेनर और बड़े आकार के कंटेनर शामिल हैं। वे विभिन्न कार्गो प्रकारों की विशिष्ट आवश्यकताओं के अनुकूल हो सकते हैं।

4. **सुरक्षा और स्थिरता** : कंटेनर क्रेन को सुरक्षित संचालन सुनिश्चित करने के लिए एंटी-स्वे सिस्टम, लोड मॉनिटरिंग और टकराव बचाव प्रणाली जैसी सुरक्षा सुविधाओं के साथ डिज़ाइन किया गया है। उनके पास भारी भार को सटीकता से संभालने के लिए स्थिर संरचनाएं और तंत्र हैं।

5. **रिमोट कंट्रोल और ऑटोमेशन** : कुछ आधुनिक कंटेनर क्रेन रिमोट कंट्रोल सिस्टम या स्वचालित सुविधाओं को शामिल करते हैं, जो परिचालन दक्षता को बढ़ाते हैं और मैन्युअल हस्तक्षेप की आवश्यकता को कम करते हैं।

3.6 बहुउद्देशीय क्रेन (Multipurpose Cranes):

बहुउद्देशीय क्रेन, जैसा कि नाम से पता चलता है, एक बहुमुखी क्रेन है जिसे विभिन्न प्रकार के कार्गो को संभालने और विभिन्न उठाने के कार्य करने के लिए डिज़ाइन किया गया है। इसका उपयोग आमतौर पर बंदरगाहों, शिपयार्डों, निर्माण स्थलों और अन्य औद्योगिक सेटिंग्स में किया जाता है जहां लचीले और अनुकूलनीय उठाने वाले उपकरणों की आवश्यकता होती है। बहुउद्देशीय क्रेन के कुछ प्रमुख पहलू यहां दिए गए हैं:

बहुउद्देशीय क्रेन के प्रकार:

1. **मोबाइल क्रेन** : मोबाइल क्रेन स्व-चालित क्रेन हैं जिन्हें आसानी से किसी कार्य स्थल के चारों ओर ले जाया जा सकता है। वे विभिन्न

विन्यासों में आते हैं, जैसे ट्रक-माउंटेड क्रेन, रफ-टेरेन क्रेन, ऑल-टेरेन क्रेन और क्रॉलर क्रेन। मोबाइल क्रेन अपनी बहुमुखी प्रतिभा के लिए जानी जाती हैं और कई प्रकार के उठाने वाले कार्यों को संभाल सकती हैं।

2. **टॉवर क्रेन** : टॉवर क्रेन एक ऊर्ध्वाधर मस्तूल और एक क्षैतिज जिब के साथ स्थिर क्रेन हैं। इनका उपयोग आमतौर पर निर्माण परियोजनाओं में भारी भार को अधिक ऊंचाई तक उठाने के लिए किया जाता है। टॉवर क्रेन में उच्च उठाने की क्षमता होती है और यह 360 डिग्री तक घूम सकती है, जो उन्हें विभिन्न निर्माण कार्यों के लिए उपयुक्त बनाती है।

3. **क्रॉलर क्रेन** : क्रॉलर क्रेन कैटरपिलर ट्रैक से सुसज्जित होते हैं, जो उन्हें उबड़-खाबड़ या असमान इलाके पर चलने की अनुमति देते हैं। वे उत्कृष्ट स्थिरता और उठाने की क्षमता प्रदान करते हैं, जो उन्हें भारी-भरकम उठाने के संचालन के लिए उपयुक्त बनाता है।

4. **फ्लोटिंग क्रेन** : फ्लोटिंग क्रेन बजरों या फ्लोटिंग प्लेटफार्मों पर लगाए जाते हैं और बंदरगाहों या अपतटीय स्थानों जैसे समुद्री वातावरण में कार्गो को संभालने के लिए उपयोग किए जाते हैं। कुशल लोडिंग और अनलोडिंग संचालन के लिए उन्हें जहाजों या अन्य जहाजों के पास तैनात किया जा सकता है।

बहुउद्देशीय क्रेन के कार्य और लाभ:

1. **बहुमुखी प्रतिभा : बहुउद्देशीय क्रेनों को विभिन्न प्रकार के कार्गो को संभालने और** कंटेनरों को लोड करने और उतारने, भारी मशीनरी उठाने, संरचनाओं को इकट्ठा करने या सामग्री परिवहन करने सहित विभिन्न उठाने वाले कार्यों को करने के लिए डिज़ाइन किया गया है। उनकी बहुमुखी प्रतिभा विभिन्न उद्योगों और अनुप्रयोगों में कुशल उपयोग की अनुमति देती है।

2. **लचीलापन :** बहुउद्देशीय क्रेनों को विशिष्ट उठाने की आवश्यकताओं को पूरा करने के लिए कॉन्फ़िगर और अनुकूलित किया जा सकता है। वे अक्सर विनिमेय अनुलग्नकों या उठाने वाले

सामान, जैसे हुक, ग्रैब, या फूस के कांटे के साथ आते हैं, जो उन्हें विभिन्न प्रकार के कार्गो को संभालने की अनुमति देते हैं।

3. **गतिशीलता** : कई बहुउद्देशीय क्रेन मोबाइल हैं और इन्हें आसानी से विभिन्न कार्य स्थलों तक ले जाया जा सकता है। यह गतिशीलता उन्हें जरूरत पड़ने पर तुरंत तैनात करने में सक्षम बनाती है, जिससे डाउनटाइम कम होता है और परिचालन दक्षता बढ़ती है।

4. **उठाने की क्षमता** : बहुउद्देशीय क्रेनों को क्रेन के प्रकार और विन्यास के आधार पर, कुछ टन से लेकर कई सौ टन तक के भारी भार को संभालने के लिए डिज़ाइन किया गया है। यह उच्च उठाने की क्षमता उन्हें कठिन उठाने वाले कार्यों के लिए उपयुक्त बनाती है।

5. **पहुंच और ऊंचाई** : बहुउद्देशीय क्रेन काफी ऊंचाई तक पहुंच सकते हैं और क्षैतिज पहुंच बढ़ा सकते हैं, जिससे उन्हें चुनौतीपूर्ण या सीमित स्थानों में कार्गो तक पहुंचने और उठाने में सक्षम बनाया जा सकता है। यह क्षमता निर्माण परियोजनाओं या औद्योगिक सेटिंग्स में विशेष रूप से फायदेमंद है जहां सटीक स्थिति की आवश्यकता होती है।

6. **सुरक्षा सुविधाएँ** : बहुउद्देशीय क्रेन उन्नत सुरक्षा सुविधाओं से सुसज्जित हैं, जैसे लोड मॉनिटरिंग सिस्टम, अधिभार संरक्षण और स्थिरता नियंत्रण तंत्र, सुरक्षित उठाने के संचालन को सुनिश्चित करते हैं। ये सुविधाएँ दुर्घटनाओं को रोकने और क्रेन ऑपरेटर और आसपास के कर्मियों दोनों की सुरक्षा में मदद करती हैं।

बहुउद्देश्यीय क्रेन लचीलापन, अनुकूलनशीलता और उच्च उठाने की क्षमता प्रदान करते हैं, जो उन्हें विभिन्न उद्योगों में मूल्यवान संपत्ति बनाती है। विभिन्न प्रकार के कार्गो को संभालने और उठाने के कार्यों की एक विस्तृत श्रृंखला करने की उनकी क्षमता सामग्री प्रबंधन कार्यों में बेहतर उत्पादकता और दक्षता में योगदान करती है।

3.7 कंटेनरों, स्लिंग्स, रस्सियों और ब्लॉकों पर उठाने की सुविधा (Lifting Facilities On Containers, Slings, Ropes And Blocks)

कंटेनरों पर उठाने की सुविधा:

कंटेनरों पर उठाने की सुविधाएं वे घटक और उपकरण हैं जिनका उपयोग लोडिंग, अनलोडिंग और परिवहन संचालन के दौरान कंटेनरों को सुरक्षित करने और उठाने के लिए किया जाता है। ये उठाने की सुविधाएं कंटेनरों की सुरक्षित हैंडलिंग और आवाजाही सुनिश्चित करती हैं। कंटेनरों पर उठाने की सुविधाओं के कुछ प्रमुख घटक यहां दिए गए हैं:

1. **स्लिंग्स** : स्लिंग्स लचीली पट्टियाँ या रस्सियाँ होती हैं जो नायलॉन, पॉलिएस्टर या तार की रस्सी जैसी सामग्रियों से बनी होती हैं। इन्हें लिफ्टिंग पॉइंट प्रदान करने के लिए कोनों के चारों ओर या कंटेनर के नीचे लपेटने के लिए उपयोग किया जाता है। उठाने के दौरान स्लिंग्स कंटेनर के वजन को समान रूप से वितरित करते हैं और कंटेनर को होने वाले नुकसान को रोकने में मदद करते हैं।

2. **रस्सियाँ** : रस्सियाँ प्राकृतिक या कृत्रिम रेशों से बनी मजबूत, लचीली डोरियाँ होती हैं। इन्हें आमतौर पर उठाने के दौरान कंटेनरों को सुरक्षित करने या कंटेनरों को हुक या क्रेन से जोड़ने के लिए अन्य उठाने वाले उपकरणों के साथ संयोजन में उपयोग किया जाता है। उठाने के संचालन के दौरान रस्सियाँ अतिरिक्त स्थिरता और सहायता प्रदान करती हैं।

3. **ब्लॉक** : ब्लॉक, जिन्हें पुली के रूप में भी जाना जाता है, खांचे वाले पहियों और एक आवास के साथ तंत्र हैं जो रस्सियों या केबलों को समर्थन और पुनर्निर्देशित करने के लिए डिज़ाइन किए गए हैं। इनका उपयोग यांत्रिक लाभ बढ़ाने और उठाने के संचालन को आसान बनाने के लिए किया जाता है। ब्लॉक उठाने के दौरान रस्सियों की सुचारू और नियंत्रित गति को सक्षम बनाते हैं।

3.8 टर्मिनल चेसिस, रोड चेसिस और इसके लाभ(Terminal Chassis, Road Chassis And Its Benefits)

टर्मिनल चेसिस:

टर्मिनल चेसिस, जिसे कंटेनर चेसिस या चेसिस ट्रेलरों के रूप में भी जाना जाता है, पोर्ट टर्मिनलों या इंटरमॉडल सुविधाओं के भीतर कंटेनरों के परिवहन के लिए डिज़ाइन किए गए विशेष ट्रेलर हैं।

टर्मिनल चेसिस के कुछ लाभ यहां दिए गए हैं:

1. **कंटेनर परिवहन** : टर्मिनल चेसिस बंदरगाह टर्मिनलों के भीतर या इंटरमॉडल सुविधा के विभिन्न क्षेत्रों के बीच कंटेनरों के परिवहन का एक विश्वसनीय और कुशल साधन प्रदान करता है। वे विशेष रूप से शिपिंग कंटेनरों के आकार और वजन को समायोजित करने के लिए डिज़ाइन किए गए हैं।

2. **स्थिरता और सुरक्षा** : टर्मिनल चेसिस कंटेनरों को परिवहन करते समय स्थिरता और संतुलन प्रदान करता है, यह सुनिश्चित करता है कि कंटेनर सुरक्षित रूप से जुड़े रहें और परिवहन के दौरान पलटने या क्षति के जोखिम को कम करें।

3. **लोडिंग और अनलोडिंग में आसानी** : टर्मिनल चेसिस ट्विस्ट लॉक या लॉकिंग तंत्र से सुसज्जित हैं जो कंटेनरों को आसान और सुरक्षित रूप से जोड़ने में सक्षम बनाते हैं। यह लोडिंग और अनलोडिंग प्रक्रिया को सरल बनाता है, जिससे समय और प्रयास की बचत होती है।

सड़क चेसिस:

रोड चेसिस, जिसे कंटेनर चेसिस के रूप में भी जाना जाता है, राजमार्गों या सड़कों पर लंबी दूरी पर कंटेनरों के परिवहन के लिए डिज़ाइन किए गए विशेष ट्रेलर हैं।

यहां सड़क चेसिस के कुछ लाभ दिए गए हैं :

1. **लंबी दूरी का परिवहन** : सड़क चेसिस को विशेष रूप से विस्तारित दूरी पर कंटेनरों को खींचने, बंदरगाहों, इंटरमॉडल टर्मिनलों और अंतर्देशीय वितरण केंद्रों को जोड़ने के लिए डिज़ाइन किया गया है। वे इन स्थानों के बीच कंटेनरों के परिवहन का एक विश्वसनीय साधन प्रदान करते हैं।

2. **बहुमुखी प्रतिभा** : सड़क चेसिस मानक आईएसओ कंटेनर, प्रशीतित कंटेनर और विशेष कंटेनर सहित विभिन्न कंटेनर आकार और प्रकारों को समायोजित कर सकती है। यह बहुमुखी प्रतिभा विभिन्न प्रकार के कार्गो के परिवहन की अनुमति देती है।

3. **स्थिरता और सुरक्षा** : सड़क चेसिस को परिवहन के दौरान कंटेनरों की स्थिरता और सुरक्षित हैंडलिंग प्रदान करने के लिए इंजीनियर किया गया है। वे सड़क की स्थिति का सामना करने और यह सुनिश्चित करने के लिए डिज़ाइन किए गए हैं कि कंटेनर सुरक्षित रूप से जुड़े और संरक्षित रहें।

टर्मिनल चेसिस और रोड चेसिस के साथ-साथ कंटेनरों पर स्लिंग्स, रस्सियों और ब्लॉकों जैसी उठाने की सुविधाओं का उपयोग, कंटेनर हैंडलिंग और परिवहन संचालन की दक्षता, सुरक्षा और स्थिरता को बढ़ाता है। ये घटक और उपकरण कंटेनरों की सुचारू आवाजाही में योगदान करते हैं, यह सुनिश्चित करते हुए कि उन्हें सुरक्षित रूप से उठाया जाए, परिवहन किया जाए और उनके इच्छित गंतव्यों तक पहुंचाया जाए।

3.9 ओवरहेड ब्रिज क्रेन (Overhead Bridge Crane):

ओवरहेड ब्रिज क्रेन, जिसे ओवरहेड ट्रैवलिंग क्रेन या ब्रिज क्रेन के रूप में भी जाना जाता है, एक प्रकार की क्रेन है जो ऊंचे रनवे सिस्टम पर चलती है। इसमें एक पुल या गर्डर होता है जो दो समानांतर रनवे के बीच की दूरी को फैलाता है, जिससे क्रेन को रनवे की लंबाई के साथ क्षैतिज रूप से चलने की अनुमति मिलती है। ओवरहेड ब्रिज क्रेन के कुछ प्रमुख पहलू यहां दिए गए हैं:

ओवरहेड ब्रिज क्रेन के प्रकार:

1. **सिंगल गर्डर ब्रिज क्रेन** : इस प्रकार के ब्रिज क्रेन में एक एकल बीम या गर्डर होता है जो अंतिम ट्रकों द्वारा समर्थित होता है। इसका उपयोग आम तौर पर हल्के से मध्यम उठाने की क्षमता और स्पैन के लिए किया जाता है।

2. **डबल गर्डर ब्रिज क्रेन** : डबल गर्डर ब्रिज क्रेन में, अतिरिक्त स्थिरता और उठाने की क्षमता बढ़ाने के लिए दो बीम या गर्डर का उपयोग किया जाता है। इस प्रकार की क्रेन भारी-भरकम अनुप्रयोगों और बड़े स्पैन के लिए उपयुक्त है।

3. **अंडर स्लंग ब्रिज क्रेन** : रनवे बीम के निचले फ्लैंज पर एक अंडर स्लंग ब्रिज क्रेन लगाई जाती है। यह कॉन्फ़िगरेशन अधिकतम हेडरूम की अनुमति देता है और अक्सर इसका उपयोग तब किया जाता है जब सुविधा में जगह की कमी होती है।

4. **टॉप रनिंग ब्रिज क्रेन** : टॉप रनिंग ब्रिज क्रेन में, ब्रिज उन रेलों पर चलता है जो रनवे बीम के ऊपर लगे होते हैं। यह डिज़ाइन नीचे लटकाए गए क्रेन की तुलना में बेहतर स्थिरता और उच्च उठाने की क्षमता प्रदान करता है।

ओवरहेड ब्रिज क्रेन के कार्य और लाभ:

1. **सामग्री प्रबंधन** : ओवरहेड ब्रिज क्रेन का उपयोग मुख्य रूप से औद्योगिक वातावरण में भारी भार उठाने और ले जाने के लिए किया जाता है। वे रनवे की लंबाई के साथ क्षैतिज रूप से और लहरा को ऊपर या नीचे करके ऊर्ध्वाधर रूप से सामग्री का परिवहन कर सकते हैं।

2. **बहुमुखी प्रतिभा** : ओवरहेड ब्रिज क्रेन बहुमुखी हैं और इन्हें विशिष्ट उठाने की आवश्यकताओं के अनुरूप अनुकूलित किया जा सकता है। वे विभिन्न प्रकार के भार को संभालने के लिए विभिन्न उठाने वाले उपकरणों जैसे होइस्ट, ट्रॉली, मैग्नेट या ग्रैब से सुसज्जित हो सकते हैं।

3. **बढ़ा हुआ दक्षता** : ओवरहेड ब्रिज क्रेन कुशल और सटीक सामग्री प्रबंधन में सक्षम हैं। वे तेजी से भार को एक स्थान से दूसरे स्थान पर

ले जा सकते हैं, जिससे शारीरिक श्रम कम होगा और उत्पादकता बढ़ेगी।

4. **सुरक्षा** : ओवरहेड ब्रिज क्रेन को सीमा स्विच, अधिभार संरक्षण और आपातकालीन स्टॉप बटन जैसी सुरक्षा सुविधाओं के साथ डिज़ाइन किया गया है। ये सुविधाएँ दुर्घटनाओं को रोकने और कार्यक्षेत्र में सुरक्षित संचालन सुनिश्चित करने में मदद करती हैं।

5. **अधिकतम अंतरिक्ष उपयोग** : ओवरहेड ब्रिज क्रेन एक सुविधा में ऊर्ध्वाधर स्थान का उपयोग करते हैं, जिससे उपलब्ध फर्श क्षेत्र का कुशल उपयोग होता है। ऊंचा रनवे सिस्टम कार्य क्षेत्र को अधिकतम करते हुए, जमीन पर बाधाओं से बचाता है।

6. **उच्च उठाने की क्षमता** : डिज़ाइन और कॉन्फ़िगरेशन के आधार पर, ओवरहेड ब्रिज क्रेन उच्च उठाने की क्षमता के साथ भारी भार संभाल सकते हैं। वे उन अनुप्रयोगों के लिए उपयुक्त हैं जिनमें बड़ी, भारी वस्तुओं को उठाने और स्थानांतरित करने की आवश्यकता होती है।

7. **सटीक भार पोजिशनिंग** : ओवरहेड ब्रिज क्रेन लोड पोजिशनिंग पर सटीक नियंत्रण प्रदान करते हैं, जिससे निर्दिष्ट क्षेत्र में सामग्री या उपकरण की सटीक प्लेसमेंट की अनुमति मिलती है।

8. **अनुकूलन विकल्प** : ओवरहेड ब्रिज क्रेन को स्पैन, उठाने की क्षमता, गति और नियंत्रण तंत्र जैसी विशिष्ट आवश्यकताओं को पूरा करने के लिए अनुकूलित किया जा सकता है। उन्हें विभिन्न उद्योगों और अनुप्रयोगों की विशिष्ट आवश्यकताओं के अनुरूप तैयार किया जा सकता है।

ओवरहेड ब्रिज क्रेन का व्यापक रूप से विनिर्माण संयंत्रों, गोदामों, स्टील मिलों और अन्य औद्योगिक सेटिंग्स में उपयोग किया जाता है जहां कुशल और विश्वसनीय सामग्री प्रबंधन महत्वपूर्ण है। वे भारी भार उठाने और ले जाने, कार्यस्थल में उत्पादकता और परिचालन दक्षता में सुधार के लिए एक सुरक्षित और कुशल समाधान प्रदान करते हैं।

3.10 यार्ड में कंटेनर की मरम्मत सुविधाएं (Repair facilities of container in the yard):

कंटेनर यार्ड में अक्सर समर्पित मरम्मत सुविधाएं होती हैं जहां क्षतिग्रस्त या खराब कंटेनरों की मरम्मत की जा सकती है और उन्हें कार्यात्मक स्थिति में बहाल किया जा सकता है। ये सुविधाएं विभिन्न मरम्मत कार्यों को करने के लिए विशेष उपकरणों और कुशल कर्मियों से सुसज्जित हैं। कंटेनर मरम्मत सुविधाओं के कुछ प्रमुख पहलू यहां दिए गए हैं:

1. **निरीक्षण और मूल्यांकन** : क्षति की सीमा का आकलन करने और आवश्यक मरम्मत का निर्धारण करने के लिए क्षतिग्रस्त कंटेनरों का पूरी तरह से निरीक्षण किया जाता है। इसमें संरचनात्मक, यांत्रिक या कॉस्मेटिक मुद्दों की पहचान करने के लिए दृश्य निरीक्षण, परीक्षण या विशेष उपकरणों का उपयोग शामिल हो सकता है।

2. **वेल्डिंग और फैब्रिकेशन** : कंटेनरों की संरचनात्मक क्षति की मरम्मत के लिए वेल्डिंग और फैब्रिकेशन क्षमताएं आवश्यक हैं। कुशल वेल्डर और तकनीशियन कंटेनर की अखंडता को बहाल करने के लिए क्षतिग्रस्त फ्रेम, कोने की कास्टिंग, या अन्य संरचनात्मक घटकों की मरम्मत कर सकते हैं।

3. **फर्श और छत की मरम्मत** : कंटेनर फर्श और छतें टूट-फूट के प्रति संवेदनशील होती हैं। मरम्मत सुविधाएं क्षतिग्रस्त या जंग लगे फर्श पैनलों को बदल सकती हैं और छत के रिसाव की मरम्मत कर सकती हैं ताकि यह सुनिश्चित हो सके कि कंटेनर जलरोधक और कार्गो परिवहन के लिए उपयुक्त रहे।

4. **दरवाजे की मरम्मत और लॉकिंग तंत्र** : कंटेनर दरवाजे विभिन्न कारणों से क्षतिग्रस्त हो सकते हैं या खराब हो सकते हैं। मरम्मत सुविधाएं उचित कार्यक्षमता और सुरक्षा सुनिश्चित करने के लिए दरवाजे के कब्जों, सीलों, लॉकिंग तंत्रों या अन्य घटकों से संबंधित समस्याओं का समाधान कर सकती हैं।

5. **कॉस्मेटिक मरम्मत और पेंटिंग** : कंटेनर यार्ड कंटेनरों के सौंदर्यशास्त्र में सुधार करने के लिए सैंडब्लास्टिंग, जंग हटाने और पुन: पेंटिंग जैसी कॉस्मेटिक मरम्मत की पेशकश कर सकते हैं। यह

68

पेशेवर उपस्थिति बनाए रखने में मदद करता है और कंटेनरों की दीर्घायु को बढ़ाता है।

6. **नवीनीकरण और संशोधन** : मरम्मत सुविधाएं नवीनीकरण और संशोधन सेवाएं भी प्रदान कर सकती हैं। इसमें मानक कंटेनरों को विशेष प्रकार (उदाहरण के लिए, प्रशीतित कंटेनर) में परिवर्तित करना, वेंटिलेशन सिस्टम जोड़ना, या ग्राहकों की आवश्यकताओं के आधार पर कस्टम सुविधाएं स्थापित करना शामिल है।

3.11 कंटेनरों के लिए सुरक्षा भार (Safety Load for Containers):

परिवहन के दौरान कार्गो की स्थिरता और अखंडता सुनिश्चित करने के लिए कंटेनरों की सुरक्षा लोडिंग महत्वपूर्ण है। इसमें वजन प्रतिबंधों का पालन करना, कंटेनर के भीतर वजन का उचित वितरण और स्थानांतरण या क्षति को रोकने के लिए कार्गो को सुरक्षित करना शामिल है। कंटेनरों की सुरक्षा लोडिंग के लिए यहां कुछ विचार दिए गए हैं:

1. **वजन सीमाएँ** : कंटेनरों में अंतरराष्ट्रीय मानकों द्वारा परिभाषित विशिष्ट वजन सीमाएँ होती हैं। यह सुनिश्चित करना आवश्यक है कि कंटेनर सहित कार्गो का कुल वजन कंटेनर के लिए निर्दिष्ट वजन क्षमता से अधिक न हो।

2. **भार वितरण** : परिवहन के दौरान संतुलन और स्थिरता बनाए रखने के लिए कंटेनर के भीतर उचित वजन वितरण महत्वपूर्ण है। वजन को पूरे कंटेनर में समान रूप से वितरित करें और संकेंद्रित भार से बचें जो पलटने या असंतुलन का कारण बन सकता है।

3. **कार्गो की सुरक्षा** : कार्गो को कंटेनर के भीतर पर्याप्त रूप से सुरक्षित किया जाना चाहिए ताकि स्थानांतरण को रोका जा सके, खासकर हैंडलिंग या परिवहन के दौरान। कार्गो को स्थिर करने और क्षति को रोकने के लिए उचित कार्गो सुरक्षा विधियों जैसे डनेज, ब्रेसिंग, ब्लॉकिंग या स्ट्रैपिंग का उपयोग करें।

4. **नाजुक या खतरनाक कार्गो** : नाजुक या खतरनाक कार्गो की हैंडलिंग और लोडिंग पर विशेष ध्यान दिया जाना चाहिए। जोखिमों को कम करने और सुरक्षा मानकों का अनुपालन सुनिश्चित करने के

लिए ऐसे कार्गो के सुरक्षित परिवहन के लिए विशिष्ट दिशानिर्देशों और विनियमों का पालन करें।

5. **विशेषज्ञों के साथ परामर्श** : जटिल या विशेष कार्गो से निपटते समय, उन विशेषज्ञों या पेशेवरों से परामर्श लें जिनके पास विशिष्ट प्रकार के कार्गो को संभालने और लोड करने में विशेषज्ञता है। वे उचित लोडिंग प्रक्रियाओं और पालन किए जाने वाले सुरक्षा उपायों पर मार्गदर्शन प्रदान कर सकते हैं।

कंटेनर यार्ड में उचित मरम्मत प्रथाओं का पालन करने और सुरक्षा लोडिंग प्रक्रियाओं को लागू करने से, कंटेनर संचालन की समग्र सुरक्षा, अखंडता और दक्षता को बनाए रखा जा सकता है, माल के सुरक्षित परिवहन को सुनिश्चित किया जा सकता है और दुर्घटनाओं या क्षति के जोखिम को कम किया जा सकता है।

3.12. कंटेनर सुरक्षा का प्रमाणीकरण (Certification of containers safety)

परिवहन के लिए उपयोग किए जाने वाले कंटेनर, विशेष रूप से अंतर्राष्ट्रीय व्यापार में, उनके सुरक्षित संचालन और परिवहन को सुनिश्चित करने के लिए विभिन्न सुरक्षा मानकों और प्रमाणपत्रों के अधीन हैं। कंटेनर सुरक्षा से संबंधित कुछ प्रमुख प्रमाणपत्र निम्नलिखित हैं:

1. **सीएससी प्रमाणन** : सुरक्षित कंटेनरों के लिए कन्वेंशन (सीएससी) एक अंतरराष्ट्रीय संधि है जो अंतरराष्ट्रीय व्यापार में उपयोग किए जाने वाले कंटेनरों के लिए सुरक्षा मानक निर्धारित करती है। सीएससी आवश्यकताओं का अनुपालन करने वाले कंटेनरों को सीएससी प्लेट या अनुमोदन प्राप्त होता है, जो दर्शाता है कि उन्होंने संरचनात्मक और सुरक्षा परीक्षण पास कर लिया है और परिवहन के लिए सुरक्षित माने जाते हैं।

2. **आईएसओ प्रमाणन** : कंटेनर आमतौर पर अंतर्राष्ट्रीय मानकीकरण संगठन (आईएसओ) द्वारा निर्धारित मानकों के अनुरूप बनाए जाते हैं। आईएसओ मानक कंटेनरों के आयाम, डिज़ाइन और संरचनात्मक

अखंडता को निर्दिष्ट करते हैं, जो इंटरमॉडल परिवहन में अनुकूलता और सुरक्षा सुनिश्चित करते हैं।

3. **एसीईपी प्रमाणन** : उन्नत कंटेनर परीक्षा कार्यक्रम (एसीईपी) अमेरिकी सीमा शुल्क और सीमा सुरक्षा (सीबीपी) द्वारा प्रशासित एक प्रमाणन कार्यक्रम है। ACEP-प्रमाणित कंटेनर सुरक्षा और सुरक्षा आवश्यकताओं के अनुपालन को सत्यापित करने के लिए गहन निरीक्षण से गुजरते हैं।

4. **आईएमओ प्रमाणन** : अंतर्राष्ट्रीय समुद्री संगठन (आईएमओ) समुद्र के द्वारा माल के सुरक्षित परिवहन के लिए नियम और मानक स्थापित करता है। समुद्री परिवहन के लिए उपयोग किए जाने वाले कंटेनरों को आईएमओ के दिशानिर्देशों का पालन करना चाहिए, जिसमें संरचनात्मक अखंडता, सुरक्षा प्रणाली और खतरनाक सामग्री नियमों का अनुपालन शामिल है।

5. **टीआईआर प्रमाणन** : अंतर्राष्ट्रीय सड़क परिवहन संघ (आईआरयू) टीआईआर (ट्रांसपोर्ट्स इंटरनेशनॉक्स रूटियर्स) प्रणाली का प्रबंधन करता है, जो अंतरराष्ट्रीय सीमाओं के पार माल की आवाजाही की सुविधा प्रदान करता है। टीआईआर प्रमाणीकरण यह सुनिश्चित करता है कि कंटेनर सुरक्षा और सीमा शुल्क आवश्यकताओं को पूरा करते हैं, जिससे सुव्यवस्थित सीमा पार करने की अनुमति मिलती है।

6. **एडीआर प्रमाणन** : सड़क मार्ग से खतरनाक वस्तुओं की अंतर्राष्ट्रीय ढुलाई (एडीआर) से संबंधित यूरोपीय समझौता सड़क मार्ग से खतरनाक सामग्रियों के परिवहन के लिए नियम निर्धारित करता है। खतरनाक सामान ले जाने वाले कंटेनरों को एडीआर मानकों का पालन करना होगा और उचित प्रमाणपत्र प्राप्त करना होगा।

7. **आईआईसीएल प्रमाणन** : इंस्टीट्यूट ऑफ इंटरनेशनल कंटेनर लेसर्स (आईआईसीएल) विशिष्ट गुणवत्ता और सुरक्षा मानकों को पूरा करने वाले कंटेनरों के लिए प्रमाणन प्रदान करता है। आईआईसीएल प्रमाणन पट्टेदारों और उपयोगकर्ताओं को आश्वस्त करता है कि

कंटेनरों का उद्योग की सर्वोत्तम प्रथाओं के अनुसार निरीक्षण और रखरखाव किया गया है।

ये प्रमाणपत्र, दूसरों के बीच, यह सुनिश्चित करने में मदद करते हैं कि कंटेनर संरचनात्मक रूप से मजबूत हैं, सुरक्षा नियमों को पूरा करते हैं, और माल परिवहन के लिए उपयुक्त हैं। संपूर्ण आपूर्ति श्रृंखला में कंटेनरीकृत कार्गो की सुरक्षा और अखंडता को बनाए रखने के लिए कंटेनर मालिकों, ऑपरेटरों और उपयोगकर्ताओं के लिए इन प्रमाणपत्रों का अनुपालन करना महत्वपूर्ण है।

वस्तुनिष्ठ प्रश्न

1. कंटेनर यार्ड का प्राथमिक कार्य क्या है?

ए) शिपिंग कंटेनरों का भंडारण

बी) कार्गो हैंडलिंग

ग) यात्री आरोहण

घ) जहाजों की डॉकिंग

उत्तर: ए) शिपिंग कंटेनरों का भंडारण

2. किसी बंदरगाह सुविधा पर स्टॉक यार्ड का उद्देश्य क्या है?

ए) कंटेनर मरम्मत

बी) कार्गो का अस्थायी भंडारण

ग) जहाज का रखरखाव

घ) वाहन पार्किंग

उत्तर: बी) कार्गो का अस्थायी भंडारण

3. जहाजों से कंटेनरों को चढ़ाने और उतारने के लिए आमतौर पर किस उपकरण का उपयोग किया जाता है?

ए) उत्खननकर्ता

बी) क्रेन

सी) बुलडोजर

पोर्ट टर्मिनल सिस्टम - कन्वेयर और उपकरण रखरखाव

डी) फोर्कलिफ्ट

उत्तर: बी) क्रेन

4. किसी बंदरगाह पर कंटेनर क्रेन की प्राथमिक भूमिका क्या है?

क) ट्रकों से कंटेनरों को लोड करना और उतारना

ख) यार्ड के भीतर माल ले जाना

ग) जहाजों पर कंटेनरों को जमा करना

घ) क्षतिग्रस्त कंटेनरों की मरम्मत करना

उत्तर: सी) जहाजों पर कंटेनरों को जमा करना

5. किस प्रकार की क्रेन कंटेनरों सहित विभिन्न प्रकार के कार्गो को संभाल सकती है?

ए) टावर क्रेन

बी) गैन्ट्री क्रेन

सी) क्रॉलर क्रेन

डी) जिब क्रेन

उत्तर: बी) गैन्ट्री क्रेन

6. यार्ड के भीतर उठाने और परिवहन के दौरान कंटेनरों को सुरक्षित करने के लिए किस उपकरण का उपयोग किया जाता है?

ए) स्लिंग्स

बी) रस्सियाँ

सी) ब्लॉक

डी) उपरोक्त सभी

उत्तर: घ) उपरोक्त सभी

7. सड़क पर कंटेनरों के परिवहन के लिए किस प्रकार की चेसिस डिज़ाइन की गई है?

ए) टर्मिनल चेसिस

बी) रोड चेसिस

सी) ब्रिज क्रेन चेसिस

डी) ओवरहेड चेसिस

उत्तर: बी) रोड चेसिस

8. कंटेनर यार्ड में ओवरहेड ब्रिज क्रेन का क्या कार्य है?

क) जहाजों को लोड करना और उतारना

ख) कंटेनरों की मरम्मत करना

ग) यार्ड के भीतर कंटेनरों का परिवहन

घ) परिवहन के लिए कंटेनरों को सुरक्षित करना

उत्तर: सी) यार्ड के भीतर कंटेनरों का परिवहन

9. यार्ड में क्षतिग्रस्त कंटेनरों की मरम्मत के लिए कौन सी सुविधा जिम्मेदार है?

ए) टर्मिनल कार्यालय

बी) कंटेनर गोदाम

सी) मरम्मत कार्यशाला

डी) ट्रक लोडिंग बे

उत्तर: सी) मरम्मत कार्यशाला

10. कार्गो और उपकरण सहित एक कंटेनर अधिकतम कितना वजन ले जा सकता है?

ए) सकल वजन

बी) तारे का वजन

ग) शुद्ध वजन

घ) पेलोड वजन

उत्तर: ए) सकल वजन

11. कौन सी संस्था कंटेनरों की सुरक्षा के लिए प्रमाणन प्रदान करती है?

क) आईएसओ (मानकीकरण के लिए अंतर्राष्ट्रीय संगठन)

बी) डब्ल्यूएचओ (विश्व स्वास्थ्य संगठन)

ग) यूनिसेफ (संयुक्त राष्ट्र अंतर्राष्ट्रीय बाल आपातकालीन कोष)

d) IATA (इंटरनेशनल एयर ट्रांसपोर्ट एसोसिएशन)

उत्तर: ए) आईएसओ (मानकीकरण के लिए अंतर्राष्ट्रीय संगठन)

12. कंटेनर यार्ड में टर्मिनल चेसिस का प्राथमिक उद्देश्य क्या है?

क) कंटेनरों की मरम्मत करना

ख) जहाजों पर कंटेनरों को जमा करना

ग) यार्ड के भीतर कम दूरी तक कंटेनरों का परिवहन करना

घ) कंटेनरों को ट्रकों पर उठाना

उत्तर: सी) यार्ड के भीतर कम दूरी तक कंटेनरों का परिवहन करना

शब्द सीमा(80-100)

प्रश्न:1 बंदरगाह संचालन में कंटेनर यार्ड की क्या भूमिका है, और यह बंदरगाह पर रसद प्रबंधन का एक महत्वपूर्ण घटक क्यों है?

प्रश्न:2 क्या आप बंदरगाह सेटिंग में स्टॉक यार्ड और पोर्ट साइड यार्ड के प्रमुख कार्यों को समझा सकते हैं?

प्रश्न:3 किसी बंदरगाह पर माल चढ़ाने और उतारने में शामिल आवश्यक प्रक्रियाएँ क्या हैं? ये प्रक्रियाएँ कुशल लॉजिस्टिक्स संचालन में कैसे योगदान करती हैं?

प्रश्न:4 बंदरगाह संचालन में कंटेनर क्रेन की क्या भूमिका है, और वे कुशल कंटेनर हैंडलिंग में कैसे योगदान देते हैं?

प्रश्न:5 बहुउद्देशीय क्रेन क्या हैं, और वे बंदरगाह सेटिंग के भीतर अपनी क्षमताओं और अनुप्रयोगों में कंटेनर क्रेन से कैसे भिन्न हैं?

शब्द सीमा(180-200)

प्रश्न:1 कंटेनर यार्ड के कुशल प्रबंधन में विचार करने योग्य प्रमुख कारक क्या हैं, और वे लॉजिस्टिक्स संचालन को कैसे प्रभावित करते हैं?

प्रश्न:2 क्या आप बंदरगाह पर कंटेनरों को लोड करने और उतारने में शामिल महत्वपूर्ण प्रक्रियाओं को समझा सकते हैं, जिसमें ट्रक लोडिंग और पोर्ट साइड लोडिंग की भूमिका भी शामिल है?

प्रश्न:3 बंदरगाह संचालन में कंटेनर क्रेन और बहुउद्देशीय क्रेन के प्राथमिक कार्य क्या हैं, और वे कार्गो प्रबंधन दक्षता में कैसे योगदान करते हैं?

प्रश्न:4 कंटेनरों को संभालने के लिए उपयोग की जाने वाली लिफ्टिंग सुविधाएं क्या हैं, जिनमें स्लिंग, रस्सियां और ब्लॉक शामिल हैं, और वे सुरक्षित और सुरक्षित कार्गो हैंडलिंग कैसे सुनिश्चित करते हैं?

यूनिट-4 कन्वेयर

सीखने का उद्देश्य

- ❖ कन्वेयर की अवधारणा को समझें।
- ❖ कन्वेयर की विशेषताओं और प्रकारों को जानें।
- ❖ कन्वेयर के कार्यों को समझाइये।
- ❖ कन्वेयर के दायरे को परिभाषित करें।
- ❖ लाभ और सीमाओं तथा कन्वेयर को पहचानें।
- ❖ कन्वेयर की रखरखाव प्रणाली की पहचान करें

अंतर्वस्तु

- ❖ कन्वेयर अर्थ,
- ❖ कन्वेयर के प्रकार: बेल्ट, रोलर, चेन, बाल्टी, स्क्रू और एप्रन
- ❖ कन्वेयर पर माल परिवहन किया जाता है और
- ❖ कन्वेयर प्रणाली के लाभ
- ❖ कन्वेयर की रखरखाव प्रणाली
- ❖ विशिष्ट कन्वेयर खतरे और सुरक्षा कन्वेयर
- ❖ कन्वेयर के यांत्रिक उपकरण
- ❖ विद्युत उपकरण, धातु संरचना और नियंत्रण प्रणाली

4.1 कन्वेयर का अर्थ (Conveyors Meaning):

कन्वेयर यांत्रिक उपकरण हैं जिनका उपयोग सामग्री या सामान को नियंत्रित तरीके से एक स्थान से दूसरे स्थान तक ले जाने के लिए किया जाता है। कन्वेयर

सामग्री प्रबंधन प्रणालियों के अभिन्न अंग हैं जो उद्योगों, गोदामों और विभिन्न उत्पादन प्रक्रियाओं के भीतर माल और सामग्रियों के कुशल संचलन में महत्वपूर्ण भूमिका निभाते हैं। इन यांत्रिक उपकरणों ने सामग्रियों के परिवहन के तरीके में क्रांति ला दी है, जो वस्तुओं को एक स्थान से दूसरे स्थान तक ले जाने के लिए एक विश्वसनीय, स्वचालित और लागत प्रभावी समाधान प्रदान करते हैं।

कन्वेयर आधुनिक उद्योगों में अपरिहार्य हो गए हैं, जिससे दक्षता में उल्लेखनीय सुधार हुआ है, शारीरिक श्रम कम हुआ है और समग्र उत्पादकता में वृद्धि हुई है। उनकी अनुकूलनशीलता और अनुप्रयोगों की विविध श्रृंखला उन्हें सामग्री प्रबंधन और लॉजिस्टिक्स की दुनिया में एक मौलिक तत्व बनाती है।

4.2 कन्वेयर के प्रकार (Types of Conveyors):

यहां विभिन्न प्रकार के कन्वेयर और उनके कार्य और फायदे हैं:

बेल्ट कन्वेयर : बेल्ट कन्वेयर में एक सतत बेल्ट लूप होता है जो सामग्री या उत्पादों को एक स्थान से दूसरे स्थान तक ले जाता है। इसका उपयोग आमतौर पर माल के क्षैतिज या झुके हुए परिवहन के लिए किया जाता है। बेल्ट कन्वेयर बहुमुखी, कुशल हैं और विनिर्माण, रसद और खनन जैसे उद्योगों में व्यापक रूप से उपयोग किए जाते हैं।

- **कार्य** : बेल्ट कन्वेयर सामग्री या वस्तुओं के परिवहन के लिए एक सतत बेल्ट का उपयोग करते हैं। वे बहुमुखी हैं और छोटी वस्तुओं से लेकर भारी भार तक विभिन्न प्रकार के उत्पादों के लिए उपयुक्त हैं।

- **लाभ** : बेल्ट कन्वेयर विश्वसनीय हैं, उच्च क्षमता वाले हैं, और क्षैतिज और झुके हुए परिवहन दोनों को संभाल सकते हैं। वे सामग्रियों के सुचारू और लगातार संचलन को सक्षम करते हैं, शारीरिक श्रम को कम करते हैं और दक्षता में सुधार करते हैं।

रोलर कन्वेयर: एक रोलर कन्वेयर एक पूर्व निर्धारित पथ पर माल परिवहन करने के लिए रोलर्स की एक श्रृंखला का उपयोग करता है। इसे संचालित या गुरुत्वाकर्षण-

चालित किया जा सकता है और आमतौर पर वस्तुओं के मैन्युअल या गुरुत्वाकर्षण-सहायता वाले आंदोलन के लिए उपयोग किया जाता है। रोलर कन्वेयर सरल, लागत प्रभावी हैं और भंडारण, वितरण और पैकेजिंग जैसे उद्योगों में व्यापक रूप से उपयोग किए जाते हैं।

- **कार्य** : रोलर कन्वेयर माल परिवहन के लिए रोलर्स की एक श्रृंखला का उपयोग करते हैं। वे भारी वस्तुओं की आवाजाही के लिए या जब मैन्युअल या गुरुत्वाकर्षण-सहायता वाली आवाजाही की आवश्यकता होती है तो आदर्श होते हैं।

- **लाभ** : रोलर कन्वेयर स्थापित करना आसान है और न्यूनतम रखरखाव की आवश्यकता होती है। वे माल की सुचारू और नियंत्रित आवाजाही प्रदान करते हैं, विभिन्न भार आकारों को संभाल सकते हैं, और लागत प्रभावी हैं।

चेन कन्वेयर: एक चेन कन्वेयर सामग्री या उत्पादों को स्थानांतरित करने के लिए चेन या चेन लिंक का उपयोग करता है। इसका उपयोग आमतौर पर भारी-भरकम अनुप्रयोगों या उच्च तापमान या संक्षारक स्थितियों वाले वातावरण में किया जाता है। चेन कन्वेयर मजबूत, टिकाऊ होते हैं और अक्सर ऑटोमोटिव, स्टील और खनन जैसे उद्योगों में उपयोग किए जाते हैं।

- **कार्य** : चेन कन्वेयर सामग्री को स्थानांतरित करने के लिए चेन या चेन लिंक का उपयोग करते हैं। इनका उपयोग आमतौर पर भारी-भरकम अनुप्रयोगों या उच्च तापमान या संक्षारक वातावरण वाले उद्योगों में किया जाता है।

- **लाभ** : चेन कन्वेयर टिकाऊ होते हैं और भारी भार और कठोर वातावरण को संभाल सकते हैं। वे विश्वसनीय और सटीक गति प्रदान करते हैं, जो उन्हें औद्योगिक अनुप्रयोगों के लिए उपयुक्त बनाते हैं।

बाल्टी कन्वेयर: एक बाल्टी कन्वेयर थोक सामग्री या दानेदार उत्पादों को लंबवत या झुके हुए परिवहन के लिए एक श्रृंखला या बेल्ट से जुड़ी बाल्टियों या कंटेनरों का उपयोग करता है। इसका उपयोग आमतौर पर कृषि, खनन और निर्माण जैसे उद्योगों

में किया जाता है। बाल्टी कन्वेयर ऊर्ध्वाधर या झुके हुए परिवहन के लिए कुशल हैं और अक्सर अनाज, खनिज, या अन्य थोक सामग्री को संभालने के लिए उपयोग किए जाते हैं।

- **कार्य** : बाल्टी कन्वेयर अनाज, पाउडर, या दानेदार उत्पादों जैसे थोक सामग्रियों के परिवहन के लिए एक श्रृंखला या बेल्ट से जुड़ी बाल्टियों या कंटेनरों का उपयोग करते हैं।

- **लाभ** : बाल्टी कन्वेयर सामग्री के ऊर्ध्वाधर या झुकाव वाले परिवहन के लिए कुशल हैं। वे थोक उत्पादों की एक विस्तृत श्रृंखला को संभाल सकते हैं और नियंत्रित और सौम्य हैंडलिंग सुनिश्चित कर सकते हैं।

पेंच कन्वेयर: एक स्क्रू कन्वेयर एक पेचदार पैटर्न में सामग्री को स्थानांतरित करने के लिए एक ट्यूब या गर्त के अंदर एक घूर्णन पेंच तंत्र का उपयोग करता है। इसका उपयोग आमतौर पर थोक सामग्री, तरल पदार्थ या अर्ध-ठोस पदार्थों को संभालने के लिए किया जाता है। स्क्रू कन्वेयर बहुमुखी हैं और इनका उपयोग कृषि, खाद्य प्रसंस्करण और अपशिष्ट जल उपचार जैसे विभिन्न उद्योगों में किया जा सकता है।

- **कार्य** : स्क्रू कन्वेयर एक गर्त या ट्यूब के साथ सामग्री को स्थानांतरित करने के लिए एक घूर्णन पेंच तंत्र का उपयोग करते हैं। इनका उपयोग आमतौर पर थोक सामग्री, तरल पदार्थ या अर्ध-ठोस पदार्थों को संभालने के लिए किया जाता है।

- **लाभ** : स्क्रू कन्वेयर बहुमुखी, कॉम्पैक्ट हैं और विभिन्न प्रकार की सामग्रियों को संभाल सकते हैं। वे क्षैतिज और झुके हुए परिवहन दोनों के लिए उपयुक्त हैं और विश्वसनीय और लगातार गति प्रदान करते हैं।

एप्रन कन्वेयर: एप्रन कन्वेयर में धातु की प्लेटें या एप्रन होते हैं जो भारी या अपघर्षक पदार्थों को क्षैतिज या झुके हुए परिवहन के लिए एक श्रृंखला से जुड़े होते हैं। इसका उपयोग अक्सर खनन, सीमेंट और थोक हैंडलिंग जैसे उद्योगों में किया जाता है। एप्रन कन्वेयर मजबूत होते हैं, भारी-भरकम अनुप्रयोगों के लिए डिजाइन किए जाते हैं, और आमतौर पर अयस्क, कोयला या समुच्चय जैसी सामग्री के परिवहन के लिए उपयोग किए जाते हैं।

- **कार्य** : एप्रन कन्वेयर में एक श्रृंखला से जुड़े ओवरलैपिंग धातु प्लेटों या एप्रन की एक श्रृंखला होती है। इनका उपयोग भारी-भरकम अनुप्रयोगों के लिए किया जाता है, जैसे बड़े या अपघर्षक पदार्थों को हिलाना।

- **लाभ** : एप्रन कन्वेयर का डिज़ाइन मजबूत होता है और यह भारी भार और चुनौतीपूर्ण सामग्री को संभाल सकता है। वे मांग वाले औद्योगिक वातावरण में विश्वसनीय और टिकाऊ परिवहन प्रदान करते हैं।

4.3. कन्वेयर पर माल परिवहन (Goods transported on Conveyors):

कन्वेयर सिस्टम का उपयोग विभिन्न उद्योगों में वस्तुओं और सामग्रियों की एक विस्तृत श्रृंखला के परिवहन के लिए किया जाता है। कन्वेयर पर परिवहन किए जाने वाले कुछ सामान्य सामानों में शामिल हैं:

1. **पैकेज्ड सामान** : कन्वेयर सिस्टम का उपयोग आमतौर पर गोदामों, वितरण केंद्रों और विनिर्माण सुविधाओं में पैक किए गए सामान, जैसे बक्से, कार्टन, बक्से या बैग के परिवहन के लिए किया जाता है।

2. **थोक सामग्री** : कन्वेयर अनाज, खनिज, अयस्क, कोयला, समुच्चय, रसायन, पाउडर या तरल पदार्थ सहित थोक सामग्री को संभालने के लिए कुशल हैं।

3. **ऑटोमोटिव पार्ट्स** : विनिर्माण प्रक्रिया के दौरान घटकों, भागों या असेंबलियों के परिवहन के लिए ऑटोमोटिव उद्योग में कन्वेयर सिस्टम का बड़े पैमाने पर उपयोग किया जाता है।

4. **खाद्य और पेय पदार्थ उत्पाद** : कन्वेयर का व्यापक रूप से खाद्य और पेय उद्योग में उत्पादों के परिवहन के लिए उपयोग किया जाता है, जैसे कि पैक किए गए खाद्य पदार्थ, बोतलें, डिब्बे, कंटेनर या सामग्री।

5. **फार्मास्यूटिकल्स और हेल्थकेयर उत्पाद** : दवाओं, चिकित्सा आपूर्ति, पैकेजिंग सामग्री, या प्रयोगशाला नमूनों को संभालने के लिए कन्वेयर सिस्टम फार्मास्युटिकल और हेल्थकेयर उद्योग में महत्वपूर्ण भूमिका निभाते हैं।

6. **एयरपोर्ट बैगेज हैंडलिंग** : चेक-इन क्षेत्रों, सुरक्षा चौकियों और बैगेज क्लेम के बीच यात्रियों के सामान और अन्य सामान के परिवहन के लिए हवाई अड्डों में कन्वेयर का उपयोग किया जाता है।

4.4 कन्वेयर सिस्टम के लाभ (Advantages of Conveyor system):

कन्वेयर सिस्टम दक्षता, लागत बचत, सुरक्षा, लचीलेपन और बेहतर उत्पाद गुणवत्ता के मामले में कई लाभ प्रदान करते हैं। वे विभिन्न उद्योगों में आधुनिक सामग्री प्रबंधन और रसद संचालन का एक अभिन्न अंग बन गए हैं।

1. **बढ़ी हुई दक्षता** : कन्वेयर सिस्टम सामग्री प्रबंधन प्रक्रियाओं को स्वचालित करते हैं, मैन्युअल श्रम को कम करते हैं और समग्र उत्पादकता में वृद्धि करते हैं। वे निरंतर प्रवाह को सक्षम करते हैं, जिससे माल के तेज़ और अधिक कुशल परिवहन की अनुमति मिलती है।

2. **लागत बचत** : कन्वेयर श्रम लागत को कम करने और परिचालन दक्षता में सुधार करने में मदद कर सकते हैं, जिसके परिणामस्वरूप व्यवसायों के लिए लागत बचत होती है। वे वर्कफ़्लो को अनुकूलित करते हैं और माल की मैन्युअल हैंडलिंग और परिवहन की आवश्यकता को कम करते हैं।

3. **उन्नत सुरक्षा** : कन्वेयर सिस्टम माल परिवहन का एक नियंत्रित और संगठित तरीका प्रदान करते हैं, जिससे मैन्युअल सामग्री हैंडलिंग से जुड़ी दुर्घटनाओं या चोटों के जोखिम को कम किया जाता है। गार्ड, सेंसर और आपातकालीन स्टॉप जैसी सुरक्षा सुविधाओं को कन्वेयर सिस्टम में शामिल किया जा सकता है।

4. **बहुमुखी प्रतिभा और लचीलापन** : कन्वेयर सिस्टम को माल के विभिन्न आकार, आकार और वजन को समायोजित करने के लिए डिज़ाइन किया जा सकता है। वे विभिन्न प्रकार की सामग्रियों को संभाल सकते हैं, और कन्वेयर सिस्टम के लेआउट को विशिष्ट परिचालन आवश्यकताओं के अनुरूप अनुकूलित किया जा सकता है।

5. **स्थान अनुकूलन** : कन्वेयर ऊर्ध्वाधर या झुके हुए परिवहन की अनुमति देकर उपलब्ध स्थान का कुशल उपयोग करते हैं, जिससे अतिरिक्त फर्श स्थान की आवश्यकता कम हो जाती है। उन्हें मौजूदा सुविधाओं में एकीकृत किया जा सकता है, जिससे भंडारण क्षमता और परिचालन दक्षता अधिकतम हो सकती है।

6. **बेहतर उत्पाद गुणवत्ता** : कन्वेयर सिस्टम माल के सौम्य और नियंत्रित परिवहन की पेशकश करते हैं, जिससे उत्पाद के खराब होने या टूटने का खतरा कम हो जाता है। यह सुनिश्चित करता है कि उत्पाद गुणवत्ता और ग्राहक संतुष्टि बनाए रखते हुए अच्छी स्थिति में अपने गंतव्य तक पहुंचें।

7. **ट्रेसेबिलिटी और ट्रैकिंग** : कन्वेयर सिस्टम को ट्रैकिंग प्रौद्योगिकियों के साथ एकीकृत किया जा सकता है, जिससे परिवहन प्रक्रिया के दौरान माल की सटीक ट्रेसेबिलिटी की अनुमति मिलती है। यह इन्वेंट्री प्रबंधन, ऑर्डर ट्रैकिंग और आपूर्ति श्रृंखला दृश्यता में मदद करता है।

4.5 कन्वेयर की रखरखाव प्रणाली (Maintenance system of conveyors):

कन्वेयर सिस्टम के उचित कामकाज और दीर्घायु को सुनिश्चित करने के लिए एक अच्छी तरह से डिज़ाइन की गई रखरखाव प्रणाली आवश्यक है। कन्वेयर के लिए रखरखाव प्रणाली के प्रमुख पहलू यहां दिए गए हैं:

1. **नियमित निरीक्षण** : टूट-फूट, क्षति या खराबी के किसी भी लक्षण की पहचान करने के लिए कन्वेयर सिस्टम का नियमित निरीक्षण करें। उचित संरेखण, स्नेहन और समग्र स्थिति के लिए बेल्ट, रोलर्स, चेन, मोटर और अन्य घटकों का निरीक्षण करें।

2. **निवारक रखरखाव** : एक निवारक रखरखाव कार्यक्रम लागू करें जिसमें बेल्ट तनाव समायोजन, बीयरिंग स्नेहन, मोटर निरीक्षण और सफाई जैसे निर्धारित कार्य शामिल हैं। यह अप्रत्याशित खराबी को रोकने में मदद करता है और कन्वेयर घटकों के जीवनकाल को बढ़ाता है।

3. **मरम्मत और प्रतिस्थापन** : कन्वेयर सिस्टम में किसी भी पहचानी गई समस्या या विफलता का तुरंत समाधान करें। मरम्मत करें, खराब या क्षतिग्रस्त घटकों को बदलें, और बेल्ट या चेन का उचित संरेखण और तनाव सुनिश्चित करें।

4. **स्नेहन** : घर्षण, घिसाव और समय से पहले विफलता को रोकने के लिए बीयरिंग, चेन और अन्य चलती भागों का उचित स्नेहन महत्वपूर्ण है। आवश्यक स्नेहन के प्रकार और आवृत्ति के लिए निर्माता दिशानिर्देशों का पालन करें।

5. **प्रशिक्षण और दस्तावेज़ीकरण** : कन्वेयर सिस्टम के सुरक्षित संचालन, रखरखाव और समस्या निवारण पर रखरखाव कर्मियों को प्रशिक्षण प्रदान करें। निरीक्षण, मरम्मत और प्रतिस्थापन सहित रखरखाव गतिविधियों का विस्तृत दस्तावेज़ीकरण बनाए रखें।

6. **विक्रेता समर्थन** : मार्गदर्शन, तकनीकी सहायता और स्पेयर पार्ट्स या विशेष सेवाओं तक पहुंच प्राप्त करने के लिए कन्वेयर सिस्टम विक्रेताओं या निर्माताओं के साथ कामकाजी संबंध स्थापित करें।

4.6 विशिष्ट कन्वेयर खतरे (**Conveyor Hazards**): कन्वेयर सिस्टम कुछ खतरे पेश करते हैं जिन्हें श्रमिक सुरक्षा सुनिश्चित करने के लिए संबोधित करने की आवश्यकता है। कन्वेयर से जुड़े कुछ सामान्य खतरों में शामिल हैं:

1. **उलझाव** : श्रमिकों के कपड़े, बाल या शरीर के अंग कन्वेयर बेल्ट, जंजीरों या घूमने वाले घटकों में उलझ **सकते हैं , जिससे गंभीर चोटें लग सकती हैं।**

2. **पिंच पॉइंट** : चलने वाले हिस्से, जैसे कि रोलर्स या पुली, पिंच पॉइंट बना सकते हैं जहां श्रमिकों की उंगलियां, हाथ या अंग फंस सकते हैं या कुचले जा सकते हैं।

3. **गिरती हुई वस्तुएँ** : कन्वेयर पर ले जाई जा रही वस्तुएँ या सामग्रियाँ गिर सकती हैं या फैल सकती हैं, जिससे कन्वेयर सिस्टम के पास खड़े या काम करने वाले श्रमिकों के लिए खतरा पैदा हो सकता है।

4. **अपर्याप्त सुरक्षा** : अपर्याप्त सुरक्षा या गायब सुरक्षा बाधाएं श्रमिकों को चलती भागों के संपर्क में ला सकती हैं, जिससे दुर्घटनाओं का खतरा बढ़ जाता है।

5. **लड़खड़ाना और फिसलना खतरे** : असमान पैदल मार्ग, फिसलन भरी सतह, या कन्वेयर पर या उसके आसपास मलबा यात्रा, फिसलन और गिरने का कारण बन सकता है।

4.7 कन्वेयर की सुरक्षा (**Safeguarding Conveyors**): कन्वेयर से जुड़े खतरों को कम करने के लिए, निम्नलिखित सुरक्षा उपायों को लागू किया जाना चाहिए:

1. **रखवाली** : श्रमिकों को खतरनाक क्षेत्रों के संपर्क से बचाने और पहुंच को रोकने के लिए चलने वाले हिस्सों और पिंच पॉइंट के चारों ओर भौतिक बाधाएं, जैसे फिक्स्ड या इंटरलॉक गार्ड स्थापित करें।

2. **आपातकाल रुकना उपकरण** : कन्वेयर सिस्टम को आपातकालीन स्टॉप बटन से लैस करें या सुलभ स्थानों पर डोरियों को खींचें ताकि श्रमिकों को आपात स्थिति या असुरक्षित स्थितियों के मामले में सिस्टम को तुरंत रोकने की अनुमति मिल सके।

3. **प्रशिक्षण और जागरूकता** : कन्वेयर संचालन से संबंधित सुरक्षित कार्य प्रथाओं, संभावित खतरों और आपातकालीन प्रक्रियाओं पर श्रमिकों को व्यापक प्रशिक्षण प्रदान करें। श्रमिकों को किसी भी सुरक्षा चिंता या घटना की तुरंत रिपोर्ट करने के लिए प्रोत्साहित करें।

4. **हाउसकीपिंग** जी: ट्रिपिंग खतरों के जोखिम को कम करने और सुचारू संचालन सुनिश्चित करने के लिए कन्वेयर के आसपास एक साफ और अव्यवस्था मुक्त कार्य क्षेत्र बनाए रखें।

5. **तालाबंदी / टैगआउट प्रक्रियाएं** : यह सुनिश्चित करने के लिए लॉकआउट/टैगआउट प्रक्रियाओं को विकसित और लागू करें कि रखरखाव कर्मी कन्वेयर सिस्टम के अनजाने स्टार्टअप या आंदोलन के बिना रखरखाव या मरम्मत कार्य सुरक्षित रूप से कर सकें।

6. **चेतावनी संकेत और लेबल** : श्रमिकों को संभावित खतरों के प्रति सचेत करने और सुरक्षित संचालन के लिए निर्देश प्रदान करने के लिए चेतावनी संकेत, लेबल या चित्रलेख स्पष्ट रूप से प्रदर्शित करें।

उचित रखरखाव प्रथाओं को लागू करने, खतरों की पहचान करने और उन्हें संबोधित करने और कन्वेयर सिस्टम की सुरक्षा करके, दुर्घटनाओं और चोटों के जोखिम को काफी कम किया जा सकता है, जिससे कर्मचारियों के लिए एक सुरक्षित कार्य वातावरण सुनिश्चित हो सके।

4.8 कन्वेयर के यांत्रिक उपकरण (Mechanical Equipment of Conveyors):

कन्वेयर के यांत्रिक उपकरण उन घटकों और प्रणालियों को संदर्भित करते हैं जो कन्वेयर सिस्टम की गति और संचालन को सक्षम करते हैं। कुछ प्रमुख यांत्रिक उपकरणों में शामिल हैं:

1. **कन्वेयर बेल्ट** : कन्वेयर बेल्ट बेल्ट कन्वेयर का प्राथमिक घटक हैं और सामग्री या उत्पादों के परिवहन के लिए जिम्मेदार हैं। वे रबर, पीवीसी, या कपड़े जैसी विभिन्न सामग्रियों से बने होते हैं, और उन्हें एप्लिकेशन और लोड आवश्यकताओं के आधार पर अनुकूलित किया जा सकता है।

2. **रोलर्स** : रोलर्स कन्वेयर बेल्ट का समर्थन करते हैं और इसकी गति को सुविधाजनक बनाते हैं। वे आइडलर रोलर्स हो सकते हैं, जो बेल्ट के वजन का समर्थन करते हैं, या ड्राइव रोलर्स हो सकते हैं, जो बेल्ट को आगे बढ़ाते हैं। रोलर्स आमतौर पर स्टील या प्लास्टिक से बने होते हैं और विभिन्न आकारों और विन्यासों में आते हैं।

3. **पुली** : पुली का उपयोग कन्वेयर बेल्ट की दिशा बदलने या तनाव प्रदान करने के लिए किया जाता है। इनमें एक ड्रम या सिलेंडर होता है जिसके चारों ओर बेल्ट लपेटी जाती है। कन्वेयर सिस्टम में उनके कार्य के आधार पर पुली को चालित या गैर-चालित किया जा सकता है।

4. **चेन और स्प्रोकेट** : चेन कन्वेयर सामग्री को स्थानांतरित करने के लिए चेन और स्प्रोकेट का उपयोग करते हैं। जंजीरें आम तौर पर धातु से बनी होती हैं और इनमें आपस में जुड़े हुए लिंक होते हैं जो स्प्रोकेट से जुड़ते हैं। चेन और स्प्रोकेट टिकाऊ होते हैं और भारी भार संभालने में सक्षम होते हैं।

4.9 कन्वेयर का इलेक्ट्रिक आउटफिट (Electric Outfit of Conveyors) :
कन्वेयर का इलेक्ट्रिक आउटफिट उन विद्युत घटकों और प्रणालियों को संदर्भित करता है जो कन्वेयर सिस्टम को शक्ति और नियंत्रित करते हैं। कुछ महत्वपूर्ण विद्युत संगठन तत्वों में शामिल हैं:

1. **मोटर्स :** मोटर्स कन्वेयर बेल्ट या चेन को स्थानांतरित करने के लिए प्रेरक शक्ति प्रदान करते हैं। कन्वेयर सिस्टम के डिज़ाइन और आवश्यकताओं के आधार पर वे इलेक्ट्रिक मोटर, हाइड्रोलिक मोटर या वायवीय मोटर हो सकते हैं।

2. **मोटर स्टार्टर और ड्राइव :** मोटर स्टार्टर और ड्राइव कन्वेयर सिस्टम के संचालन और गति को नियंत्रित करते हैं। वे सुचारू स्टार्टअप, गति समायोजन और ओवरलोड के खिलाफ सुरक्षा सक्षम करते हैं।

3. **सेंसर और स्विच :** सेंसर और स्विच का उपयोग कन्वेयर सिस्टम के विभिन्न पहलुओं की निगरानी और नियंत्रण के लिए किया जाता है, जैसे सामग्री की उपस्थिति का पता लगाना, गति को नियंत्रित करना, या सुरक्षा सुविधाओं को सक्रिय करना। उदाहरणों में निकटता सेंसर, फोटोइलेक्ट्रिक सेंसर, सीमा स्विच और आपातकालीन स्टॉप स्विच शामिल हैं।

4. **नियंत्रण पैनल :** नियंत्रण पैनल में कन्वेयर सिस्टम के लिए विद्युत घटक और नियंत्रण होते हैं। वे सिस्टम के संचालन की निगरानी और नियंत्रण के लिए ऑपरेटरों को एक केंद्रीकृत इंटरफ़ेस प्रदान करते हैं।

4.10 कन्वेयर की धातु संरचना (Metal Structure of Conveyors): कन्वेयर की धातु संरचना उस ढांचे और समर्थन प्रणाली को संदर्भित करती है जो यांत्रिक और विद्युत घटकों को एक साथ रखती है। यह कन्वेयर सिस्टम के लिए स्थिरता, मजबूती और उचित संरेखण प्रदान करता है। धातु संरचना में आम तौर पर शामिल हैं:

1. **फ्रेम या चेसिस :** फ्रेम या चेसिस कन्वेयर सिस्टम की मुख्य संरचना बनाता है और कन्वेयर बेल्ट, रोलर्स, पुली और अन्य घटकों का समर्थन करता है।

2. **सपोर्ट बीम या कॉलम** : सपोर्ट बीम या कॉलम कन्वेयर सिस्टम को अतिरिक्त समर्थन और स्थिरता प्रदान करते हैं। वे अक्सर स्टील से बने होते हैं और चलती सामग्रियों द्वारा लगाए गए वजन और बलों का सामना करने के लिए डिज़ाइन किए जाते हैं।

3. **प्लेटफॉर्म और वॉकवे** : रखरखाव और निरीक्षण कार्यों तक पहुंच प्रदान करने के लिए प्लेटफॉर्म और वॉकवे का निर्माण किया जाता है। वे आम तौर पर कन्वेयर सिस्टम के ऊपर या उसके बगल में स्थित होते हैं, जिससे घटकों तक सुरक्षित और सुविधाजनक पहुंच मिलती है।

4.11 कन्वेयर की नियंत्रण प्रणाली (Control System of Conveyors):

कन्वेयर की नियंत्रण प्रणाली में हार्डवेयर और सॉफ्टवेयर घटक शामिल होते हैं जो कन्वेयर सिस्टम के संचालन और कार्यक्षमता को नियंत्रित करते हैं। इसमें शामिल है:

1. **प्रोग्रामेबल लॉजिक कंट्रोलर (पीएलसी):** पीएलसी केंद्रीय नियंत्रण इकाइयां हैं जो कन्वेयर सिस्टम के विभिन्न विद्युत और यांत्रिक घटकों का प्रबंधन और समन्वय करती हैं। वे सेंसर, स्विच और ऑपरेटर कमांड से इनपुट प्राप्त करते हैं, और मोटर, ड्राइव और अन्य एक्चुएटर्स को नियंत्रित करने के लिए आउटपुट सिग्नल भेजते हैं।

2. **मानव-मशीन इंटरफ़ेस (एचएमआई):** एचएमआई ऑपरेटरों को कन्वेयर सिस्टम के साथ बातचीत करने के लिए ग्राफिकल इंटरफ़ेस प्रदान करता है। वे ऑपरेटरों को सिस्टम की स्थिति की निगरानी करने, सेटिंग्स समायोजित करने और अलर्ट या अलार्म प्राप्त करने की अनुमति देते हैं।

3. **नियंत्रण सॉफ्टवेयर** : नियंत्रण सॉफ्टवेयर का उपयोग पीएलसी और अन्य नियंत्रण उपकरणों को प्रोग्राम और कॉन्फ़िगर करने के लिए किया जाता है। यह कन्वेयर सिस्टम व्यवहार के अनुकूलन, अन्य प्रणालियों के साथ एकीकरण और सुरक्षा प्रोटोकॉल के कार्यान्वयन को सक्षम बनाता है।

4. **संचार और नेटवर्किंग :** नियंत्रण प्रणालियों में डेटा विनिमय, दूरस्थ निगरानी और SCADA (पर्यवेक्षी नियंत्रण और डेटा अधिग्रहण) या MES (विनिर्माण निष्पादन प्रणाली) जैसी उच्च-स्तरीय प्रणालियों के साथ एकीकरण की सुविधा के लिए संचार और नेटवर्किंग क्षमताएं शामिल हो सकती हैं।

यांत्रिक उपकरण, विद्युत उपकरण, धातु संरचना और नियंत्रण प्रणाली का संयोजन विभिन्न उद्योगों में कन्वेयर सिस्टम के उचित संचालन, दक्षता और सुरक्षा सुनिश्चित करता है।

1. कन्वेयर सिस्टम का प्राथमिक उद्देश्य क्या है?

A. भारी वस्तु उठाने के लिए

B. माल को एक स्थान से दूसरे स्थान तक ले जाना

C. सामग्री भंडारण के लिए

D. वस्तुओं को क्रमबद्ध करना

उत्तर: B. माल को एक स्थान से दूसरे स्थान तक ले जाना

2. निम्नलिखित में से कौन सा कन्वेयर का प्रकार नहीं है?

A. बेल्ट कन्वेयर

B. हवाई जहाज़ कन्वेयर

C. चेन कन्वेयर

D. स्क्रू कन्वेयर

उत्तर: B हवाई जहाज कन्वेयर

3. हवाई अड्डों पर सामान संभालने में आमतौर पर किस प्रकार के कन्वेयर का उपयोग किया जाता है?

A. बेल्ट कन्वेयर

B. रोलर कन्वेयर

C. चेन कन्वेयर

D. स्क्रू कन्वेयर

उत्तर: B. रोलर कन्वेयर

4. किस प्रकार के कन्वेयर का उपयोग अक्सर ऊर्ध्वाधर परिवहन सामग्री, जैसे अनाज या थोक ठोस पदार्थों के लिए किया जाता है?

A. बेल्ट कन्वेयर

B. रोलर कन्वेयर

C. चेन कन्वेयर

D. बकेट कन्वेयर

उत्तर:D. बाल्टी कन्वेयर

5. स्क्रू कन्वेयर का उपयोग करने का प्राथमिक लाभ क्या है?

A. तेज़ परिवहन गति

B. न्यूनतम रखरखाव की आवश्यकता

C. उच्च भार क्षमता

D. नाज़ुक वस्तुओं के लिए चिकनी सतह

उत्तर:B. न्यूनतम रखरखाव की आवश्यकता है

6. कच्चे माल और तैयार उत्पादों को कुशलतापूर्वक स्थानांतरित करने के लिए कन्वेयर का उपयोग आमतौर पर किस उद्योग में किया जाता है?

A. ऑटोमोटिव

B. हेल्थकेयर

C. कृषि

D. मनोरंजन

- **उत्तर:A. ऑटोमोटिव**

7. किस प्रकार का कन्वेयर अनियमित आकार या थोक सामग्री के परिवहन के लिए उपयुक्त है जो परिवहन के दौरान फिसल सकती है या लुढ़क सकती है?

A. बेल्ट कन्वेयर

B. रोलर कन्वेयर

C. चेन कन्वेयर

D. एप्रन कन्वेयर

उत्तर: A. बेल्ट कन्वेयर

8. कन्वेयर के लिए रखरखाव प्रणाली का प्राथमिक कार्य क्या है?

A. कन्वेयर गति बढ़ाने के लिए

B. कन्वेयर क्षमता को कम करने के लिए

C. सुचारू और विश्वसनीय संचालन सुनिश्चित करने के लिए

D. ऊर्जा दक्षता कम करने के लिए

उत्तर: C. सुचारू और विश्वसनीय संचालन सुनिश्चित करने के लिए

9. कन्वेयर सिस्टम से जुड़े कुछ विशिष्ट खतरे क्या हैं?

ए. उत्पादकता में वृद्धि

बी. शोर का स्तर कम होना

सी. सामग्री का गिरना, बिंदु दबना और उलझने का जोखिम

डी. कार्यकर्ताओं के मनोबल में सुधार

उत्तर: सी. सामग्री का गिरना, बिंदु दबना और उलझने का जोखिम

10. कन्वेयर सिस्टम की सुरक्षा का प्राथमिक उद्देश्य क्या है?

A. कन्वेयर की गति को धीमा करने के लिए

B. ऊर्जा की खपत बढ़ाने के लिए

C. श्रमिकों को संभावित खतरों से बचाने के लिए

D. रखरखाव लागत को कम करने के लिए

उत्तर: C. श्रमिकों को संभावित खतरों से बचाने के लिए

11. कन्वेयर सिस्टम में विद्युत संगठन का प्राथमिक कार्य क्या है?

A. कन्वेयर मोटर को पावर देने के लिए

B. कन्वेयर गति बनाए रखने के लिए

C. शोर के स्तर को कम करने के लिए

D. माल परिवहन के लिए

उत्तर: A. कन्वेयर मोटर को पावर देने के लिए

12. कन्वेयर सिस्टम का कौन सा हिस्सा कन्वेयर बेल्ट और परिवहन की जाने वाली सामग्रियों के लिए सहायता प्रदान करता है?

ए. धातु संरचना

बी. नियंत्रण प्रणाली

सी. इलेक्ट्रिक पोशाक

डी. रोलर प्रणाली

उत्तर: A. धातु संरचना

13. कन्वेयर सिस्टम में नियंत्रण प्रणाली क्या भूमिका निभाती है?

A. यह कन्वेयर बेल्ट के लिए समर्थन प्रदान करता है।

B. यह कन्वेयर मोटर को शक्ति प्रदान करता है।

C. यह कन्वेयर के संचालन और गति को नियंत्रित करता है।

D. यह माल का परिवहन करता है।

उत्तर: C. यह कन्वेयर के संचालन और गति को नियंत्रित करता है।

14. विनिर्माण संयंत्रों और गोदामों में भारी भार उठाने के लिए आमतौर पर किस प्रकार के कन्वेयर का उपयोग किया जाता है?

A. बेल्ट कन्वेयर

B. रोलर कन्वेयर

C चेन कन्वेयर

D. स्क्रू कन्वेयर

उत्तर: C. चेन कन्वेयर

शब्द सीमा(80-100)

प्रश्न:1 सामग्री प्रबंधन में कन्वेयर का क्या अर्थ है?

प्रश्न:2 उद्योगों में आमतौर पर उपयोग किए जाने वाले प्राथमिक प्रकार के कन्वेयर क्या हैं?

प्रश्न:3 क्या आप आम तौर पर कन्वेयर पर परिवहन किए जाने वाले सामान के उदाहरण प्रदान कर सकते हैं?

प्रश्न:4 उद्योगों में कन्वेयर सिस्टम का उपयोग करने के कुछ फायदे क्या हैं?

प्रश्न:5 कन्वेयर के लिए रखरखाव प्रणालियाँ उनकी विश्वसनीयता सुनिश्चित करने में कैसे मदद करती हैं?

प्रश्न:6 कन्वेयर से जुड़े कुछ विशिष्ट खतरे क्या हैं, और उनसे कैसे बचाव किया जा सकता है?

प्रश्न:7 कौन से घटक कन्वेयर के यांत्रिक उपकरण बनाते हैं ?

शब्द सीमा(180-200)

प्रश्न 1.: विभिन्न उद्योगों में कन्वेयर का प्राथमिक उद्देश्य और अर्थ क्या है?

प्रश्न 2.: कन्वेयर के प्रमुख प्रकार क्या हैं, और वे अपने अनुप्रयोगों में कैसे भिन्न हैं?

प्रश्न 3.: औद्योगिक और विनिर्माण सेटिंग्स में कन्वेयर सिस्टम का उपयोग करने के क्या फायदे हैं?

प्रश्न 4.: उनके विश्वसनीय और सुरक्षित संचालन को सुनिश्चित करने के लिए कन्वेयर रखरखाव के प्रमुख पहलू क्या हैं?

यूनिट- 5. परिवहन - सूचना

सीखने का उद्देश्य

- ❖ परिवहन की अवधारणा को समझें।
- ❖ परिवहन की विशेषताओं और प्रकारों को जानें।
- ❖ परिवहन के कार्यों को समझाइये।
- ❖ के दायरे को परिभाषित करें रसद और आपूर्ति श्रृंखला में परिवहन।
- ❖ परिवहन के लाभों और सीमाओं को पहचानें।
- ❖ प्रस्थान सूचना और बंदरगाह प्राधिकारियों को दी गई सूचना की पहचान करें

अंतर्वस्तु

- ❖ परिवहन - सूचना
- ❖ बंदरगाह और उद्योगों के साथ रेल, सड़क परिवहन की इंटरलॉकिंग
- ❖ तेल भंडारण टैंकर,
- ❖ पाइप लाइनों के माध्यम से तेल परिवहन,
- ❖ पाइप लाइनों पर सुरक्षा उपकरण और
- ❖ बंदरगाह पर तेल पम्पिंग प्रणाली
- ❖ मुक्ति का संचार,
- ❖ जहाज के आगमन/प्रस्थान की जानकारी और सूचना बंदरगाह अधिकारियों को दी गई
- ❖ अनलोडिंग/लोडिंग पर लागत कारक,
- ❖ तट पर श्रमिकों की उपलब्धता,
- ❖ बंदरगाहों से बाहर आने के लिए सरकारी प्रक्रिया और

❖ सुरक्षित परिवहन के लिए आवश्यक दस्तावेज़

5.1 परिवहन सूचना का परिचय (Transportation – Information):

परिवहन आधुनिक समाज का एक महत्वपूर्ण घटक है, जो विभिन्न क्षेत्रों और देशों में लोगों, वस्तुओं और सेवाओं की आवाजाही को सुविधाजनक बनाता है। परिवहन जानकारी विभिन्न परिवहन साधनों की दक्षता, सुरक्षा और स्थिरता को अनुकूलित करने में महत्वपूर्ण भूमिका निभाती है। इसमें डेटा, प्रौद्योगिकियों और प्रणालियों की एक विस्तृत श्रृंखला शामिल है जो परिवहन उद्योग के भीतर निर्णय लेने, योजना और प्रबंधन का समर्थन करती है।

परिवहन सूचना के मुख्य पहलू:

डेटा संग्रह: परिवहन जानकारी ट्रैफ़िक सेंसर, जीपीएस डिवाइस, वाहन ट्रैकिंग सिस्टम और सार्वजनिक परिवहन रिकॉर्ड सहित विभिन्न स्रोतों से डेटा के संग्रह से शुरू होती है। इस डेटा में यातायात प्रवाह, वाहन की गति, भीड़भाड़ का स्तर और यात्रियों की संख्या शामिल हो सकती है।

सूचना प्रणाली: परिवहन एजेंसियां और संगठन परिवहन-संबंधित डेटा को संसाधित करने, विश्लेषण करने और संग्रहीत करने के लिए सूचना प्रणाली पर भरोसा करते हैं। इन प्रणालियों में भौगोलिक सूचना प्रणाली (जीआईएस), यातायात प्रबंधन सॉफ्टवेयर और परिवहन प्रबंधन डेटाबेस शामिल हैं।

वास्तविक समय अपडेट: वास्तविक समय परिवहन जानकारी यातायात की स्थिति, सार्वजनिक पारगमन कार्यक्रम, उड़ान की स्थिति और अन्य प्रासंगिक डेटा पर मिनट-दर-मिनट अपडेट प्रदान करती है। यह जानकारी यात्रियों, लॉजिस्टिक्स कंपनियों और शहर योजनाकारों के लिए महत्वपूर्ण है।

यातायात प्रबंधन: यातायात प्रबंधन केंद्र यातायात प्रवाह की निगरानी और नियंत्रण के लिए परिवहन जानकारी का उपयोग करते हैं। वे यातायात संकेतों को समायोजित

कर सकते हैं, ड्राइवरों को मार्ग सिफारिशें प्रदान कर सकते हैं, और दुर्घटनाओं या घटनाओं पर तुरंत प्रतिक्रिया दे सकते हैं।

नेविगेशन और रूटिंग: जीपीएस-आधारित नेविगेशन सिस्टम और स्मार्टफोन ऐप ड्राइवरों और पैदल चलने वालों के लिए बारी-बारी दिशानिर्देश, अनुमानित आगमन समय और यातायात-जागरूक मार्ग योजना प्रदान करने के लिए परिवहन जानकारी का उपयोग करते हैं।

सार्वजनिक परिवहन: मार्गों, शेड्यूल और किरायों को अनुकूलित करने के लिए सार्वजनिक पारगमन एजेंसियों के लिए परिवहन जानकारी महत्वपूर्ण है। यात्रियों को बस और ट्रेन के आगमन पर वास्तविक समय के अपडेट से लाभ होता है।

सुरक्षा: परिवहन में सुरक्षा एक सर्वोपरि चिंता का विषय है। सूचना प्रणालियाँ वाहन की स्थिति की निगरानी करने, खतरों का पता लगाने और सड़कों, रेलवे और विमानन में खतरनाक स्थितियों के लिए प्रारंभिक चेतावनी प्रदान करने में सहायता करती हैं।

परिवहन सूचना के अनुप्रयोग:

यातायात प्रबंधन: परिवहन जानकारी यातायात की भीड़ को कम करने, यातायात प्रवाह में सुधार करने और सड़क सुरक्षा बढ़ाने में मदद करती है। यातायात प्रबंधन केंद्र यातायात नियंत्रण उपायों को प्रभावी ढंग से लागू करने के लिए वास्तविक समय डेटा का उपयोग करते हैं।

लॉजिस्टिक्स और आपूर्ति श्रृंखला: शिपमेंट को ट्रैक करने, वितरण मार्गों को अनुकूलित करने और इन्वेंट्री को कुशलतापूर्वक प्रबंधित करने के लिए लॉजिस्टिक्स कंपनियों के लिए परिवहन जानकारी महत्वपूर्ण है।

शहरी नियोजन: शहर के योजनाकार कुशल परिवहन नेटवर्क को डिजाइन करने, सार्वजनिक पारगमन को बढ़ावा देने और टिकाऊ परिवहन विकल्पों के माध्यम से पर्यावरणीय प्रभाव को कम करने के लिए परिवहन डेटा का उपयोग करते हैं।

आपातकालीन प्रतिक्रिया: आपात स्थिति के दौरान, परिवहन सूचना पहले उत्तरदाताओं को मार्गों और निकासी की योजना बनाने के साथ-साथ संसाधनों को प्रभावी ढंग से प्रबंधित करने में सहायता करती है।

यात्री सूचना: यात्रियों को स्मार्टफोन ऐप्स, वेबसाइटों और इलेक्ट्रॉनिक साइनेज के माध्यम से वास्तविक समय की परिवहन जानकारी से लाभ होता है, जिससे उन्हें अपने मार्गों और परिवहन के तरीकों के बारे में सूचित निर्णय लेने की अनुमति मिलती है।

पर्यावरणीय प्रभाव: परिवहन जानकारी पर्यावरण-अनुकूल परिवहन विकल्पों को बढ़ावा देने और यातायात प्रवाह को अनुकूलित करके उत्सर्जन को कम करने और वायु गुणवत्ता में सुधार करने के प्रयासों का समर्थन करती है।

परिवहन जानकारी आधुनिक परिवहन प्रणालियों के केंद्र में है, जो बेहतर दक्षता, सुरक्षा और स्थिरता को सक्षम बनाती है। IoT सेंसर, कृत्रिम बुद्धिमत्ता और बड़े डेटा एनालिटिक्स जैसी उन्नत तकनीकों के एकीकरण के साथ, परिवहन जानकारी विकसित होती रहती है, जो शहरी गतिशीलता और वैश्विक लॉजिस्टिक्स की जटिल चुनौतियों के लिए अभिनव समाधान प्रदान करती है।

5.2 परिवहन (Transportation):

परिवहन से तात्पर्य लोगों, वस्तुओं या सामग्रियों को एक स्थान से दूसरे स्थान तक ले जाना है। यह आपूर्ति श्रृंखलाओं, व्यापार और रोजमर्रा की जिंदगी का एक महत्वपूर्ण घटक है। यहां परिवहन के बारे में कुछ जानकारी दी गई है:

परिवहन के मोड:

1. **सड़क परिवहन :** इस मोड में कार, ट्रक, बस और मोटरसाइकिल जैसे वाहन शामिल हैं, जो परिवहन के लिए सड़कों और राजमार्गों का उपयोग करते हैं।

2. **रेल परिवहन** : रेल परिवहन में रेलवे पटरियों पर ट्रेनों द्वारा माल और यात्रियों की आवाजाही शामिल है। इसका उपयोग आमतौर पर भारी और थोक माल के लंबी दूरी के परिवहन के लिए किया जाता है।

3. **हवाई परिवहन** : हवाई परिवहन यात्रियों और माल के परिवहन के लिए हवाई जहाज का उपयोग करता है। यह लंबी दूरी पर, विशेषकर अंतर्राष्ट्रीय यात्रा के लिए तेज़ और कुशल परिवहन प्रदान करता है।

4. **जल परिवहन** : जल परिवहन में नदियों, नहरों, समुद्रों और महासागरों पर जहाजों, नावों या बजरों द्वारा माल और यात्रियों की आवाजाही शामिल है। यह अंतर्राष्ट्रीय व्यापार और थोक वस्तुओं के परिवहन के लिए आवश्यक है।

5. **पाइपलाइन परिवहन : पाइपलाइन परिवहन** लंबी दूरी तक तरल पदार्थ, गैस और यहां तक कि ठोस सामग्री के परिवहन के लिए पाइपलाइनों का उपयोग करता है। इसका उपयोग आमतौर पर तेल, गैस और अन्य तरल पदार्थों के परिवहन के लिए किया जाता है।

परिवहन का महत्व:

1. **आर्थिक विकास** : परिवहन वस्तुओं और लोगों की आवाजाही को सक्षम बनाता है, आर्थिक गतिविधियों का समर्थन करता है और व्यापार को सुविधाजनक बनाता है। यह उद्योगों, वाणिज्य और अंतर्राष्ट्रीय संबंधों के विकास में महत्वपूर्ण भूमिका निभाता है।

2. **पहुंच** : परिवहन आवश्यक सेवाओं, वस्तुओं और अवसरों तक पहुंच प्रदान करता है। यह लोगों को शिक्षा, स्वास्थ्य देखभाल, रोजगार और विभिन्न सुविधाओं से जोड़ता है, जिससे उनके जीवन की गुणवत्ता में वृद्धि होती है।

3. **आपूर्ति श्रृंखला प्रबंधन** : आपूर्ति श्रृंखलाओं के सुचारू कामकाज के लिए प्रभावी परिवहन महत्वपूर्ण है। यह कुशल उत्पादन और वितरण को सक्षम करते हुए कच्चे माल, घटकों और तैयार उत्पादों की समय पर डिलीवरी सुनिश्चित करता है।

4. **वैश्वीकरण** : परिवहन विभिन्न क्षेत्रों और देशों को जोड़कर, अंतर्राष्ट्रीय व्यापार और सांस्कृतिक आदान-प्रदान को बढ़ावा देकर वैश्वीकरण को सक्षम बनाता है। यह आर्थिक एकीकरण और सहयोग को बढ़ावा देते हुए, सीमाओं के पार वस्तुओं और सेवाओं की आवाजाही को सुविधाजनक बनाता है।

परिवहन में चुनौतियाँ:

1. **यातायात भीड़** : बढ़ती आबादी और शहरीकरण शहरों में यातायात भीड़ में योगदान देता है, जिससे देरी होती है, ईंधन की खपत में वृद्धि होती है और पर्यावरण संबंधी चिंताएँ होती हैं।

2. **बुनियादी ढांचे का विकास** : सड़कों, पुलों, बंदरगाहों और हवाई अड्डों जैसे परिवहन बुनियादी ढांचे के विकास और रखरखाव के लिए महत्वपूर्ण निवेश और निरंतर रखरखाव की आवश्यकता होती है।

3. **पर्यावरणीय प्रभाव** : परिवहन वायु प्रदूषण, ग्रीनहाउस गैस उत्सर्जन और ध्वनि प्रदूषण में योगदान देता है। पर्यावरणीय प्रभावों को कम करने के लिए टिकाऊ परिवहन प्रणालियों और वैकल्पिक ईंधन का विकास महत्वपूर्ण है।

4. **सुरक्षा और सुरक्षा** : परिवहन प्रणालियों की सुरक्षा और संरक्षा सुनिश्चित करना आवश्यक है। यातायात नियम, वाहन सुरक्षा मानक

और सुरक्षा प्रोटोकॉल जैसे उपाय दुर्घटनाओं, चोरी और आतंकवाद को रोकने में मदद करते हैं।

आर्थिक विकास, व्यापार और सामाजिक कल्याण के लिए वस्तुओं और लोगों की कुशल और टिकाऊ आवाजाही महत्वपूर्ण है। परिवहन प्रौद्योगिकियों, लॉजिस्टिक्स और बुनियादी ढांचे में प्रगति हमारे यात्रा और माल परिवहन के तरीके को आकार दे रही है, कनेक्टिविटी और वैश्वीकरण को बढ़ावा दे रही है।

5.3 बंदरगाह और उद्योगों के साथ रेल, सड़क परिवहन की इंटरलॉकिंग (Interlocking of Rail , Road transport with harbour and Industries)

इंटरलॉकिंग रेल, बंदरगाहों और उद्योगों के साथ सड़क परिवहन में माल और सामग्रियों की सुचारू आवाजाही की सुविधा के लिए परिवहन के इन तरीकों के बीच कुशल कनेक्शन और समन्वय स्थापित करना शामिल है। यहां बताया गया है कि इंटरलॉकिंग कैसे हासिल की जा सकती है:

1. इंटरमॉडल ट्रांसपोर्टेशन: इंटरमॉडल ट्रांसपोर्टेशन में समन्वित तरीके से रेल, सड़क और पानी जैसे परिवहन के कई तरीकों का उपयोग करना शामिल है। माल का परिवहन कंटेनरों या ट्रेलरों का उपयोग करके किया जाता है जिन्हें एक मोड से दूसरे मोड में निर्बाध रूप से स्थानांतरित किया जा सकता है, जिससे विभिन्न परिवहन नेटवर्क में माल का निरंतर प्रवाह सुनिश्चित होता है।

- **रेल-सड़क इंटरलॉकिंग** : कुशल रेल-टू-रोड और सड़क-से-रेल स्थानांतरण बिंदु स्थापित करके रेल और सड़क परिवहन को इंटरलॉक किया जा सकता है। यह निर्दिष्ट इंटरमॉडल टर्मिनलों या लॉजिस्टिक्स हब पर ट्रेनों और ट्रकों के बीच माल के निर्बाध हस्तांतरण की अनुमति देता है।

- **रेल-हार्बर इंटरलॉकिंग** : रेल बुनियादी ढांचे और बंदरगाहों और बंदरगाहों से कनेक्टिविटी विकसित करके रेल और बंदरगाह परिवहन को इंटरलॉक किया जा सकता है। यह रेल टर्मिनलों और बंदरगाह सुविधाओं के बीच माल की कुशल आवाजाही को सक्षम बनाता है, जिससे समग्र लॉजिस्टिक श्रृंखला में वृद्धि होती है।

2. **लॉजिस्टिक्स और आपूर्ति श्रृंखला एकीकरण** : परिवहन साधनों के प्रभावी इंटरलॉकिंग के लिए लॉजिस्टिक्स और आपूर्ति श्रृंखला संचालन के निर्बाध एकीकरण की आवश्यकता होती है। इसमें रेल, सड़क, बंदरगाह और औद्योगिक सुविधाओं में परिवहन गतिविधियों के समय, रूटिंग और सिंक्रनाइज़ेशन का समन्वय शामिल है।

- **एकीकृत योजना और शेड्यूलिंग** : एकीकृत योजना और शेड्यूलिंग प्रणालियाँ दूरी, लागत, समय और क्षमता जैसे कारकों पर विचार करते हुए परिवहन मार्गों को अनुकूलित कर सकती हैं। यह रेल, सड़क और बंदरगाह संसाधनों का कुशल उपयोग सुनिश्चित करता है और परिवहन में देरी को कम करता है।

- **रीयल-टाइम ट्रैकिंग और संचार** : उन्नत ट्रैकिंग और संचार प्रौद्योगिकियाँ पारगमन में माल की वास्तविक समय दृश्यता को सक्षम बनाती हैं। यह विभिन्न परिवहन साधनों के बीच बेहतर समन्वय की अनुमति देता है, समय पर सूचना साझा करने और सक्रिय निर्णय लेने में सक्षम बनाता है।

3. **अंतिम-मील कनेक्टिविटी:** अंतिम-मील कनेक्टिविटी का तात्पर्य परिवहन केंद्र या बंदरगाह से उनके अंतिम गंतव्य तक माल के परिवहन से है, आमतौर पर एक औद्योगिक सुविधा या ग्राहक स्थान तक। परिवहन साधनों और उद्योगों के बीच निर्बाध इंटरलॉकिंग के लिए कुशल अंतिम-मील कनेक्टिविटी महत्वपूर्ण है।

- **सड़क-औद्योगिक इंटरलॉकिंग** : सड़क परिवहन को समर्पित ट्रक मार्गों, लोडिंग/अनलोडिंग सुविधाओं और अनुकूलित डिलीवरी शेड्यूल सहित सुनियोजित लॉजिस्टिक्स बुनियादी ढांचे के माध्यम से औद्योगिक सुविधाओं के साथ इंटरलॉक किया जा सकता है।

- **पोर्ट-औद्योगिक इंटरलॉकिंग** : बंदरगाहों और औद्योगिक सुविधाओं को विशेष बुनियादी ढांचे के विकास के माध्यम से इंटरलॉक किया जा सकता है, जैसे समर्पित पहुंच सड़कें, ऑन-साइट रेल कनेक्शन और कुशल सामग्री प्रबंधन उपकरण। यह बंदरगाह और औद्योगिक सुविधाओं के बीच माल के सुचारू हस्तांतरण को सक्षम बनाता है।

इंटरलॉकिंग रेल, बंदरगाहों और उद्योगों के साथ सड़क परिवहन समग्र परिवहन दक्षता को बढ़ाता है, भीड़भाड़ को कम करता है और आपूर्ति श्रृंखला की विश्वसनीयता में सुधार करता है। यह माल की निर्बाध आवाजाही, लागत अनुकूलन और परिवहन बुनियादी ढांचे के प्रभावी उपयोग को बढ़ावा देता है, जो आर्थिक विकास और औद्योगिक विकास में योगदान देता है।

5.4 तेल भंडारण टैंकर (Oil Storage Tankers):

तेल भंडारण टैंकर, जिन्हें तेल टैंकर या तेल भंडारण जहाज के रूप में भी जाना जाता है, बड़े जहाज हैं जो विशेष रूप से तेल और पेट्रोलियम उत्पादों के परिवहन और भंडारण के लिए डिज़ाइन किए गए हैं। वे बड़ी मात्रा में कच्चे तेल और परिष्कृत पेट्रोलियम उत्पादों की आवाजाही और अस्थायी भंडारण की सुविधा प्रदान करके वैश्विक तेल उद्योग में महत्वपूर्ण भूमिका निभाते हैं।

तेल भंडारण टैंकरों की विशेषताएं और कार्य:

1. **क्षमता** : तेल भंडारण टैंकर विभिन्न आकारों में आते हैं, जिनमें कुछ हज़ार बैरल की क्षमता वाले छोटे जहाजों से लेकर लाखों बैरल तेल

रखने में सक्षम विशाल सुपरटैंकर तक शामिल हैं। टैंकर का आकार और क्षमता व्यापार मार्गों, बंदरगाह सुविधाओं और बाजार की मांग जैसे कारकों पर निर्भर करती है।

2. **भंडारण डिब्बे** : तेल भंडारण टैंकर विभिन्न प्रकार के तेल या पेट्रोलियम उत्पादों को अलग करने के लिए कई भंडारण डिब्बों या टैंकों से सुसज्जित होते हैं। ये टैंक विशेष रूप से संग्रहीत तरल पदार्थों के वजन और विशेषताओं को संभालने, सुरक्षित भंडारण और परिवहन सुनिश्चित करने के लिए डिज़ाइन किए गए हैं।

3. **विशिष्ट निर्माण** : दुर्घटना या तेल रिसाव की स्थिति में अतिरिक्त मजबूती और सुरक्षा प्रदान करने के लिए टैंकरों का निर्माण दोहरे पतवार या प्रबलित पतवार संरचनाओं के साथ किया जाता है। वे रिसाव या पर्यावरणीय खतरों को रोकने के लिए उन्नत प्रौद्योगिकियों और सुरक्षा प्रणालियों को शामिल करते हैं।

4. **लोड हो रहा है और अनलोडिंग** : टैंकर पाइपलाइन, पंप और वाल्व सहित परिष्कृत लोडिंग और अनलोडिंग सिस्टम से सुसज्जित हैं। ये सिस्टम तट-आधारित सुविधाओं या अपतटीय प्लेटफार्मों से टैंकर के भंडारण डिब्बों तक तेल के कुशल हस्तांतरण को सक्षम करते हैं , और इसके विपरीत।

5. **परिवहन और फ्लोटिंग स्टोरेज** : तेल भंडारण टैंकर दुनिया भर में तेल उत्पादक क्षेत्रों से रिफाइनरियों और वितरण केंद्रों तक तेल पहुंचाते हैं। इसके अतिरिक्त, वे फ्लोटिंग स्टोरेज सुविधाओं के रूप में काम कर सकते हैं, जिससे तेल के अस्थायी भंडारण की अनुमति मिलती है जब तक कि बाजार की स्थिति उतार-चढ़ाव के लिए अनुकूल न हो।

6. **सुरक्षा और पर्यावरण नियम** : टैंकर अंतरराष्ट्रीय समुद्री संगठनों और राष्ट्रीय अधिकारियों द्वारा निर्धारित सख्त सुरक्षा और पर्यावरण नियमों का पालन करते हैं। ये नियम दुर्घटनाओं या पर्यावरणीय प्रदूषण के जोखिम को कम करने के लिए पोत निर्माण, संचालन, रखरखाव, चालक दल प्रशिक्षण और स्पिल प्रतिक्रिया प्रक्रियाओं जैसे पहलुओं को नियंत्रित करते हैं।

7. **वैश्विक व्यापार और अर्थव्यवस्था** : तेल टैंकर वैश्विक व्यापार में महत्वपूर्ण भूमिका निभाते हैं, जो विभिन्न देशों की ऊर्जा मांगों को पूरा करने के लिए कच्चे तेल और पेट्रोलियम उत्पादों की स्थिर आपूर्ति सुनिश्चित करते हैं। टैंकरों के माध्यम से तेल का परिवहन और भंडारण वैश्विक अर्थव्यवस्था और ऊर्जा बाजारों में महत्वपूर्ण योगदान देता है।

यह ध्यान रखना महत्वपूर्ण है कि जहां तेल टैंकर तेल उद्योग के लिए आवश्यक परिवहन और भंडारण क्षमताएं प्रदान करते हैं, वहीं वे संभावित पर्यावरणीय जोखिम भी पेश करते हैं। इसलिए, तेल परिवहन और भंडारण से जुड़े जोखिमों को कम करने के लिए सख्त सुरक्षा उपाय और पर्यावरणीय नियमों का पालन महत्वपूर्ण है।

5.5 पाइप लाइनों के माध्यम से तेल परिवहन (Transporting oils through pipe lines):

पाइपलाइनों के माध्यम से तेल परिवहन तेल परिवहन का एक सामान्य तरीका है, जो परिवहन के अन्य तरीकों की तुलना में लागत-प्रभावशीलता, दक्षता और कम पर्यावरणीय प्रभाव जैसे कई फायदे प्रदान करता है। पाइपलाइनों के माध्यम से तेल परिवहन, पाइपलाइनों पर सुरक्षा उपकरण और बंदरगाहों पर तेल पंपिंग प्रणाली के संबंध में कुछ मुख्य बिंदु यहां दिए गए हैं:

1. **पाइपलाइन अवसंरचना** : पाइपलाइनों का निर्माण परस्पर जुड़े पाइपों के एक नेटवर्क के रूप में किया जाता है, जो आमतौर पर स्टील से बने होते हैं, जो लंबी दूरी तक फैले होते हैं। इन्हें कच्चे तेल और परिष्कृत पेट्रोलियम उत्पादों सहित विभिन्न प्रकार के तेलों के परिवहन के लिए डिज़ाइन किया गया है।

2. **पंप स्टेशन:** तेल के आवश्यक दबाव और प्रवाह को बनाए रखने के लिए पंप स्टेशन रणनीतिक रूप से पाइपलाइन मार्ग पर स्थित हैं। पंप पाइपलाइन के माध्यम से तेल को आगे बढ़ाने में मदद करते हैं, घर्षण और ऊंचाई परिवर्तन की भरपाई करते हैं।

3. **सुरक्षा उपाय** : पाइपलाइनें रिसाव, फैलाव और अन्य घटनाओं को रोकने के लिए विभिन्न सुरक्षा उपायों से सुसज्जित हैं। इन उपायों में उन्नत निगरानी प्रणाली, रिसाव का पता लगाने वाली तकनीक, दबाव और तापमान सेंसर, आपातकालीन शट-ऑफ वाल्व और नियमित निरीक्षण और रखरखाव प्रक्रियाएं शामिल हैं।

4. **पर्यावरण संबंधी विचार** : पाइपलाइन संचालक आसपास के पारिस्थितिकी तंत्र पर पाइपलाइन संचालन के प्रभाव को कम करने के लिए सख्त पर्यावरण संरक्षण उपायों को लागू करते हैं। इन उपायों में पाइपलाइन रूटिंग विचार, स्पिल प्रतिक्रिया योजनाएं और पर्यावरणीय नियमों और सर्वोत्तम प्रथाओं का पालन शामिल है।

5.6 पाइपलाइनों पर सुरक्षा उपकरण (Safety equipments on pipe lines):

1. **दबाव राहत वाल्व** : पाइपलाइन प्रणाली की अखंडता और सुरक्षा सुनिश्चित करते हुए, अतिरिक्त दबाव को मुक्त करने के लिए

पाइपलाइन के साथ विशिष्ट बिंदुओं पर दबाव राहत वाल्व स्थापित किए जाते हैं।

2. **आपातकालीन शट-ऑफ वाल्व** : आपातकालीन शट-ऑफ वाल्व को आपात स्थिति या घटनाओं के मामले में पाइपलाइन के हिस्सों को तुरंत बंद करने और अलग करने, तेल के प्रसार को रोकने और पर्यावरणीय क्षति की संभावना को कम करने के लिए डिज़ाइन किया गया है।

3. **लीक डिटेक्शन सिस्टम** : उन्नत लीक डिटेक्शन सिस्टम पाइपलाइन में लीक या असामान्यताओं को तुरंत पहचानने और पता लगाने के लिए फाइबर ऑप्टिक्स, ध्वनिक सेंसर और दबाव निगरानी जैसी विभिन्न तकनीकों का उपयोग करते हैं। शीघ्र पता लगाने से ऑपरेटरों को किसी भी लीक के प्रभाव को कम करने के लिए तुरंत प्रतिक्रिया देने में मदद मिलती है।

4. **कैथोडिक सुरक्षा** : कैथोडिक सुरक्षा प्रणालियों का उपयोग सुरक्षात्मक विद्युत प्रवाह लागू करके पाइपलाइन के क्षरण को रोकने के लिए किया जाता है। यह पाइपलाइन के जीवन को बढ़ाने और इसकी संरचनात्मक अखंडता को बनाए रखने में मदद करता है।

5.7 बंदरगाह पर तेल पम्पिंग प्रणाली (Oil pumping system on the port):

पाइपलाइन परिवहन और बंदरगाहों पर तेल पंपिंग प्रणाली का संयोजन वैश्विक ऊर्जा आपूर्ति श्रृंखला का समर्थन करते हुए तेल की कुशल और सुरक्षित आवाजाही को सक्षम बनाता है। पाइपलाइनों और तेल पंपिंग प्रणालियों के सुरक्षित और विश्वसनीय संचालन को सुनिश्चित करने के लिए सुरक्षा नियमों का कड़ाई से पालन, नियमित रखरखाव और उन्नत निगरानी प्रणाली महत्वपूर्ण हैं।

1. **लोडिंग और अनलोडिंग सुविधाएं** : बंदरगाहों के पास टैंकरों या भंडारण सुविधाओं से तेल की लोडिंग और अनलोडिंग को संभालने के लिए विशेष बुनियादी ढांचा है। इसमें समर्पित बर्थ, लोडिंग हथियार और पाइपलाइनों के लिए कनेक्शन बिंदु शामिल हैं।

2. **पंपिंग स्टेशन** : बंदरगाह पर पंपिंग स्टेशन भंडारण टैंकों और टैंकरों के बीच तेल स्थानांतरित करने के लिए आवश्यक दबाव और प्रवाह प्रदान करते हैं। इन स्टेशनों में अक्सर कई पंप, निस्पंदन सिस्टम और निगरानी उपकरण शामिल होते हैं।

3. **मीटरिंग सिस्टम** : मीटरिंग सिस्टम का उपयोग लोड या अनलोड किए जाने वाले तेल की मात्रा को सटीक रूप से मापने के लिए किया जाता है। वे परिवहन किए गए तेल का उचित लेखा-जोखा और चालान सुनिश्चित करने में मदद करते हैं।

4. **सुरक्षा उपकरण** : बंदरगाहों पर तेल पंपिंग प्रणाली में पाइपलाइन प्रणालियों के समान सुरक्षा उपकरण शामिल होते हैं, जिनमें आपातकालीन शट-ऑफ वाल्व, स्पिल रोकथाम उपाय, आग दमन प्रणाली और कार्मिक सुरक्षा प्रोटोकॉल शामिल हैं।

5.8 डिस्चार्ज का संचार(Communication of discharge):

डिस्चार्ज का संचार, जहाज के आगमन/प्रस्थान की जानकारी, और बंदरगाह अधिकारियों को दी गई जानकारी कुशल बंदरगाह संचालन और समुद्री रसद के आवश्यक पहलू हैं। यहां इन प्रक्रियाओं का अवलोकन दिया गया है:

जब कोई जहाज अपने माल को उतारने के लिए बंदरगाह पर आता है, तो निर्वहन के संचार में जहाज, बंदरगाह अधिकारियों और संबंधित हितधारकों के बीच सूचनाओं का आदान-प्रदान शामिल होता है। इस संचार में आम तौर पर शामिल हैं:

1. **कार्गो मेनिफेस्ट** : जहाज एक कार्गो मेनिफेस्ट प्रदान करता है, जो बोर्ड पर कार्गो के प्रकार, मात्रा और विशेषताओं को निर्दिष्ट करने वाला एक विस्तृत दस्तावेज है। यह जानकारी बंदरगाह अधिकारियों को डिस्चार्ज प्रक्रिया के लिए तैयार होने और उचित संसाधन आवंटित करने में मदद करती है।

2. **स्टीवडोर्स और टर्मिनल ऑपरेटर** : जहाज डिस्चार्ज ऑपरेशन के समन्वय के लिए स्टीवडोर्स (कार्गो को लोड करने और उतारने के लिए जिम्मेदार मजदूर) और टर्मिनल ऑपरेटरों के साथ संचार करता है। इसमें आवश्यक कार्गो हैंडलिंग उपकरण, डिस्चार्ज योजना और किसी विशिष्ट निर्देश या आवश्यकताओं पर जानकारी साझा करना शामिल है।

3. **सीमा शुल्क और बंदरगाह सुरक्षा** : जहाज सीमा शुल्क नियमों और सुरक्षा प्रोटोकॉल का अनुपालन सुनिश्चित करने के लिए सीमा शुल्क अधिकारियों और बंदरगाह सुरक्षा के साथ संचार करता है। इसमें आवश्यक दस्तावेज़ प्रदान करना, किसी भी प्रतिबंधित या खतरनाक कार्गो की घोषणा करना और यदि आवश्यक हो तो निरीक्षण की सुविधा प्रदान करना शामिल है।

5.9 जहाज के आगमन/प्रस्थान की जानकारी (Ship arrival /Departure information) : जहाज के आगमन और प्रस्थान की जानकारी का प्रभावी संचार बंदरगाह संचालन और रसद योजना के लिए महत्वपूर्ण है। इस जानकारी में शामिल हैं:

1. **आगमन की सूचना** : जहाज आमतौर पर अपने आगमन से काफी पहले बंदरगाह अधिकारियों को आगमन की सूचना देता है। इस नोटिस में आगमन का अनुमानित समय (ईटीए), जहाज का नाम,

ध्वज, टन भार और अन्य प्रासंगिक जानकारी जैसे विवरण शामिल हैं।

2. **बर्थिंग अनुरोध** : जहाज अपने बर्थिंग अनुरोध को बंदरगाह अधिकारियों को सूचित करता है, जिसमें मूरिंग के लिए वांछित बर्थ या टर्मिनल निर्दिष्ट होता है। यह जानकारी बंदरगाह ऑपरेटरों को बर्थ आवंटित करने और बर्थिंग प्रक्रिया की योजना बनाने में मदद करती है।

3. **प्रस्थान सूचना** : प्रस्थान से पहले, जहाज बंदरगाह अधिकारियों को प्रस्थान के अपने इरादे के बारे में सूचित करता है। इस नोटिस में प्रस्थान का अनुमानित समय (ईटीडी), गंतव्य, और कोई विशेष आवश्यकताएं या निकासी प्रक्रियाएं शामिल हैं।

5.10 बंदरगाह प्राधिकारियों को दी गई जानकारी (Information delivered to port authorities): सुचारू संचालन और नियमों का अनुपालन सुनिश्चित करने के लिए बंदरगाह प्राधिकारी जहाजों से प्राप्त विभिन्न सूचनाओं पर भरोसा करते हैं। इस जानकारी में शामिल हो सकते हैं:

1. **बंदरगाह प्रवेश औपचारिकताएं** : जहाज प्रासंगिक दस्तावेज प्रदान करता है, जैसे बंदरगाह निकासी प्रमाणपत्र, चालक दल और यात्री सूची, पोत पंजीकरण विवरण और आवश्यक परमिट। बंदरगाह प्रवेश औपचारिकताओं और सीमा शुल्क प्रक्रियाओं का अनुपालन करने के लिए यह जानकारी आवश्यक है।

2. **सुरक्षा और पर्यावरण घोषणाएँ** : जहाजों को सुरक्षा और पर्यावरणीय घोषणाएँ प्रदान करना आवश्यक है, जिसमें बोर्ड पर खतरनाक सामग्रियों की जानकारी, प्रदूषण निवारण उपाय, गिट्टी जल प्रबंधन और अंतर्राष्ट्रीय समुद्री नियमों का अनुपालन शामिल है।

3. **रिपोर्टिंग और संचार आवश्यकताएँ** : जहाजों से बंदरगाह अधिकारियों द्वारा निर्धारित रिपोर्टिंग आवश्यकताओं का पालन करने की अपेक्षा की जाती है, जैसे कार्गो संचालन, बंकरिंग, अपशिष्ट निपटान और बंदरगाह पर जहाज के रहने के दौरान होने वाली किसी भी घटना या दुर्घटना पर दैनिक रिपोर्ट प्रदान करना।

डिस्चार्ज, जहाज के आगमन/प्रस्थान की जानकारी का समय पर और सटीक संचार, और बंदरगाह अधिकारियों को दी गई जानकारी कुशल बंदरगाह संचालन की सुविधा प्रदान करती है, प्रभावी संसाधन योजना को सक्षम बनाती है, और नियामक और सुरक्षा आवश्यकताओं का अनुपालन सुनिश्चित करती है। यह समुद्री रसद और व्यापार की समग्र दक्षता और सुरक्षा का समर्थन करता है।

5.11 अनलोडिंग/लोडिंग पर लागत कारक, किनारे पर श्रम की उपलब्धता (Cost factor on unloading /Loading, Labour availability on shore)

उतराई/लोडिंग संचालन से जुड़े लागत कारक और तट पर श्रम की उपलब्धता बंदरगाह संचालन में महत्वपूर्ण विचार हैं। यहां इन कारकों का अवलोकन दिया गया है:

अनलोडिंग/लोडिंग पर लागत कारक:

1. **टर्मिनल शुल्क** : बंदरगाह और टर्मिनल अक्सर अपनी सुविधाओं के उपयोग के लिए शुल्क लगाते हैं, जिसमें बर्थिंग शुल्क, घाटशुल्क शुल्क और हैंडलिंग शुल्क शामिल हैं। ये शुल्क उतारे या लादे जाने वाले कार्गो के प्रकार और मात्रा के आधार पर भिन्न-भिन्न होते हैं।

2. **स्टीवडोरिंग लागत** : स्टीवडोरिंग कंपनियां कार्गो हैंडलिंग कार्यों के लिए श्रम और उपकरण प्रदान करती हैं। स्टीवडोरिंग सेवाओं की

लागत श्रम दर, उपकरण उपलब्धता और कार्गो हैंडलिंग ऑपरेशन की जटिलता जैसे कारकों से प्रभावित होती है।

3. **उपकरण लागत** : कार्गो को उतारने/लादने के लिए क्रेन, फोर्कलिफ्ट और कन्वेयर सिस्टम जैसे विशेष उपकरणों के उपयोग पर किराये या उपयोग शुल्क लग सकता है। लागत उपकरण के उपयोग की अवधि और आवश्यक उपकरण के प्रकार और क्षमता पर निर्भर करती है।

4. **सहायक शुल्क** : कंटेनर विलंब शुल्क, भंडारण शुल्क, सीमा शुल्क निकासी और दस्तावेज़ प्रबंधन जैसी सेवाओं के लिए अतिरिक्त शुल्क लगाया जा सकता है। ये शुल्क बंदरगाह की नीतियों और कार्गो की विशिष्ट आवश्यकताओं के आधार पर भिन्न होते हैं।

5. **ईंधन और ऊर्जा लागत** : अनलोडिंग/लोडिंग प्रक्रिया के दौरान मशीनरी और उपकरण के संचालन के लिए आवश्यक ईंधन और ऊर्जा की लागत समग्र लागत कारक में योगदान करती है। ईंधन की कीमतों में उतार-चढ़ाव इन लागतों को प्रभावित कर सकता है।

तट पर श्रम उपलब्धता:

1. **श्रम बाज़ार की स्थितियाँ** : तटवर्ती श्रम की उपलब्धता स्थानीय श्रम बाज़ार की स्थितियों, रोज़गार दरों और बंदरगाह क्षेत्र में कुशल श्रमिकों की उपस्थिति जैसे कारकों से प्रभावित हो सकती है। श्रम की उच्च मांग या श्रम की कमी श्रम उपलब्धता और संभावित रूप से लागत को प्रभावित कर सकती है।

2. **कार्यबल कौशल:** बंदरगाहों को कुशल कार्गो प्रबंधन संचालन के लिए कुशल और प्रशिक्षित श्रमिकों की आवश्यकता होती है। क्रेन ऑपरेटरों, फोर्कलिफ्ट ड्राइवरों और कार्गो हैंडलरों सहित कुशल

कार्यबल की उपलब्धता, अनलोडिंग/लोडिंग संचालन की दक्षता और लागत को प्रभावित कर सकती है।

3. **शिफ्ट पैटर्न और ओवरटाइम** : ऑनशोर लेबर की उपलब्धता शिफ्ट पैटर्न और ओवरटाइम काम करने के लिए श्रमिकों की इच्छा से प्रभावित हो सकती है। बंदरगाह अक्सर चौबीसों घंटे काम करते हैं, और श्रम की लागत शिफ्ट समय और ओवरटाइम आवश्यकताओं के आधार पर भिन्न हो सकती है।

4. **श्रम विनियम** : डॉकवर्कर्स और स्टीवडोर्स के रोजगार को नियंत्रित करने वाले श्रम नियम और समझौते श्रम उपलब्धता और लागत को प्रभावित कर सकते हैं। सामूहिक सौदेबाजी समझौते, संघ नियम और श्रम कानून बंदरगाह संचालन में श्रम की उपलब्धता और लागत को प्रभावित कर सकते हैं।

बंदरगाह ऑपरेटरों, शिपिंग लाइनों और कार्गो मालिकों के लिए अनलोडिंग/लोडिंग संचालन की योजना बनाते समय इन लागत कारकों और श्रम उपलब्धता पर विचार करना महत्वपूर्ण है। कुशल श्रम प्रबंधन, उपकरणों का प्रभावी उपयोग और हितधारकों के बीच सहयोग लागत को अनुकूलित करने और बंदरगाहों पर सुचारू संचालन सुनिश्चित करने में मदद कर सकता है।

5.12 बंदरगाहों से बाहर आने के लिए सरकारी प्रक्रिया और सुरक्षित परिवहन के लिए आवश्यक दस्तावेज़ (**Govt procedure for coming out from ports and Documents required for safe transport**):

बंदरगाहों से बाहर निकलने की सरकारी प्रक्रियाएँ और सुरक्षित परिवहन के लिए आवश्यक दस्तावेज़ देश और विशिष्ट बंदरगाह नियमों के अनुसार अलग-अलग होते हैं। हालाँकि, यहां कुछ सामान्य प्रक्रियाएं और दस्तावेज़ हैं जो आम तौर पर शामिल हैं:

1. **पोर्ट क्लीयरेंस** : बंदरगाह से प्रस्थान करने से पहले, जहाजों को पोर्ट क्लीयरेंस प्राप्त करना आवश्यक होता है। इसमें बंदरगाह अधिकारियों, सीमा शुल्क, आव्रजन और अन्य संबंधित सरकारी एजेंसियों से आवश्यक परमिट और अनुमोदन प्राप्त करना शामिल है।

2. **सीमा शुल्क निकासी** : सीमा शुल्क नियमों का अनुपालन सुनिश्चित करने के लिए सीमा शुल्क निकासी प्रक्रियाओं को पूरा करने की आवश्यकता है। इसमें परिवहन किए जा रहे माल की घोषणा करना, प्रासंगिक दस्तावेज जमा करना और किसी भी लागू सीमा शुल्क या कर का भुगतान करना शामिल है।

3. **आव्रजन मंजूरी** : ऐसे मामलों में जहां चालक दल के सदस्य या यात्री जहाज पर हैं, आव्रजन मंजूरी की आवश्यकता होती है। इसमें यात्रा दस्तावेज़, पासपोर्ट, वीज़ा और अन्य आव्रजन-संबंधी आवश्यकताओं का सत्यापन करना शामिल है।

4. **सुरक्षा और पर्यावरण निरीक्षण** : जहाज बंदरगाह अधिकारियों या प्रासंगिक नियामक निकायों द्वारा सुरक्षा और पर्यावरण निरीक्षण के अधीन हो सकते हैं। ये निरीक्षण सुरक्षा मानकों, प्रदूषण निवारण उपायों और अंतरराष्ट्रीय समुद्री नियमों का पालन सुनिश्चित करते हैं।

सुरक्षित परिवहन के लिए आवश्यक दस्तावेज़:

1. **लदान बिल** : लदान बिल शिपिंग कंपनी या वाहक द्वारा जारी किया गया एक कानूनी दस्तावेज है। यह गाड़ी के अनुबंध के साक्ष्य के रूप में कार्य करता है और प्रकार, मात्रा और गंतव्य सहित परिवहन किए जाने वाले कार्गो का विवरण निर्दिष्ट करता है।

2. **शिपिंग निर्देश** : शिपर द्वारा प्रदान किए गए शिपिंग निर्देशों में पैकिंग सूची, कंटेनर नंबर, वजन और आयाम सहित कार्गो के बारे में विस्तृत जानकारी होती है। ये निर्देश कार्गो की सुरक्षित हैंडलिंग और परिवहन सुनिश्चित करने में मदद करते हैं।

3. **सीमा शुल्क दस्तावेज़ीकरण** : विभिन्न सीमा शुल्क दस्तावेज़ों की आवश्यकता हो सकती है, जैसे सीमा शुल्क घोषणा, वाणिज्यिक चालान, पैकिंग सूची, और सीमा शुल्क अधिकारियों द्वारा आवश्यक कोई अन्य विशिष्ट दस्तावेज़। ये दस्तावेज़ कार्गो, उसके मूल्य, उत्पत्ति और अन्य प्रासंगिक विवरणों के बारे में जानकारी प्रदान करते हैं।

4. **पोर्ट क्लीयरेंस दस्तावेज़** : पोर्ट क्लीयरेंस प्रक्रियाओं से संबंधित दस्तावेज़, जैसे पोर्ट क्लीयरेंस प्रमाणपत्र, पोत पंजीकरण दस्तावेज़, चालक दल सूची और पोर्ट शुल्क रसीदें, पोर्ट नियमों के अनुपालन को प्रदर्शित करने और आवश्यक मंजूरी प्राप्त करने के लिए आवश्यक हैं।

5. **सुरक्षा प्रमाणपत्र** : जहाज की सुरक्षा और अंतरराष्ट्रीय समुद्री नियमों का अनुपालन सुनिश्चित करने के लिए सुरक्षा प्रमाणपत्र, जैसे अनुपालन प्रमाणपत्र, अंतरराष्ट्रीय सुरक्षा प्रबंधन प्रमाणपत्र और अन्य प्रासंगिक प्रमाणपत्र की आवश्यकता हो सकती है।

6. **बीमा प्रमाणपत्र** : सुरक्षित परिवहन के लिए माल, जहाज और परिवहन से जुड़ी देनदारियों के लिए बीमा कवरेज का प्रमाण आवश्यक है। बीमा प्रमाणपत्रों को क्षति, हानि, चोरी और दायित्व जैसे जोखिमों के लिए कवरेज प्रदान करना चाहिए।

यह ध्यान रखना महत्वपूर्ण है कि विशिष्ट आवश्यकताएं और प्रक्रियाएं देश, बंदरगाह, कार्गो के प्रकार और परिवहन के तरीके के आधार पर भिन्न हो सकती

हैं। सभी प्रासंगिक नियमों का अनुपालन सुनिश्चित करने और सुरक्षित परिवहन के लिए आवश्यक दस्तावेज प्राप्त करने के लिए स्थानीय अधिकारियों, बंदरगाह एजेंटों, शिपिंग कंपनियों और सीमा शुल्क दलालों से परामर्श करना उचित है।

1. प्रश्न: बंदरगाहों और उद्योगों के साथ रेल और सड़क परिवहन को जोड़ने का प्राथमिक उद्देश्य क्या है?

A. परिवहन लागत में वृद्धि करना

B. परिवहन दक्षता और कनेक्टिविटी को बढ़ाना

C. औद्योगिक परिचालन को कम करना

D. जल प्रदूषण को बढ़ावा देना

उत्तर: बी. परिवहन दक्षता और कनेक्टिविटी को बढ़ाने के लिए

2. प्रश्न: बंदरगाहों के साथ रेल और सड़क परिवहन को इंटरलॉक करने के लिए आमतौर पर परिवहन के किस साधन का उपयोग किया जाता है?

A. हवाई परिवहन

B. समुद्री परिवहन

C. रेल परिवहन

D. अंतरिक्ष परिवहन

उत्तर: सी. रेल परिवहन

3. प्रश्न: तेल भंडारण टैंकरों का उद्देश्य क्या है?

A. लंबी दूरी तक तेल पहुंचाने के लिए

B. किसी बंदरगाह या सुविधा के भीतर तेल का भंडारण और परिवहन करना

C. पाइपलाइनों के माध्यम से तेल परिवहन करना

D. तेल रिसाव को रोकने के लिए

उत्तर: बी. किसी बंदरगाह या सुविधा के भीतर तेल का भंडारण और परिवहन करना

4. प्रश्न: पाइपलाइनों के माध्यम से तेल परिवहन के लिए आमतौर पर किस विधि का उपयोग किया जाता है?

A. रेल परिवहन

B. सड़क परिवहन

C. पाइपलाइन परिवहन

D. हवाई परिवहन

उत्तर: C. पाइपलाइन परिवहन

5. प्रश्न: पाइपलाइनों पर सुरक्षा उपकरणों का उद्देश्य क्या है?

A. तेल परिवहन की गति बढ़ाना

B दुर्घटनाओं और तेल रिसाव को रोकने के लिए

C. परिवहन की लागत कम करना

D. परिवहन किए गए तेल की मात्रा बढ़ाने के लिए

उत्तर: बी. दुर्घटनाओं और तेल रिसाव को रोकने के लिए

6. प्रश्न: किसी बंदरगाह पर तेल पंपिंग प्रणाली का मुख्य कार्य क्या है?

A. तेल को लंबे समय तक भंडारित करने के लिए

B. जहाजों से तेल लाने-ले जाने के लिए

C. परिवहन से पहले तेल को परिष्कृत करना

D. बिजली उत्पन्न करना

उत्तर: बी. जहाजों से तेल लाने और ले जाने के लिए

7. प्रश्न: बंदरगाह संचालन में डिस्चार्ज सूचना का संचार कैसे महत्वपूर्ण है?

A. यह तेल के स्वाद को बेहतर बनाता है

B. यह श्रमिकों की सुरक्षा सुनिश्चित करता है

C. यह पाइपलाइनों की गुणवत्ता को बढ़ाता है

D. यह कुशल अनलोडिंग/लोडिंग प्रक्रियाओं की सुविधा प्रदान करता है

उत्तर: D. यह कुशल अनलोडिंग/लोडिंग प्रक्रियाओं की सुविधा प्रदान करता है

8. प्रश्न: जहाज के आगमन/प्रस्थान की जानकारी बंदरगाह अधिकारियों को क्या प्रदान करती है?

ए. मौसम पूर्वानुमान

बी. डॉकिंग शेड्यूल और कार्गो विवरण

सी. कर्मचारी अवकाश योजनाएँ

डी. रेस्तरां सिफ़ारिशें

उत्तर: बी. डॉकिंग शेड्यूल और कार्गो विवरण

9. प्रश्न: बंदरगाह संचालन में "अनलोडिंग/लोडिंग पर लागत कारक" का क्या तात्पर्य है?

A. तेल की कीमत

B. उतराई/लोडिंग के लिए श्रम और उपकरण की लागत

C. पाइपलाइन रखरखाव की लागत

D. जहाज के रखरखाव की लागत

उत्तर: बी. उतराई/लोडिंग के लिए श्रम और उपकरण की लागत

10. प्रश्न: बंदरगाह संचालन में तट पर श्रमिकों की उपलब्धता के लिए कौन सा कारक महत्वपूर्ण है?

A. सुरक्षा हेलमेट का रंग

B. स्नैक्स की उपलब्धता

C. समुद्र तट की निकटता

D. कुशल श्रमिकों की उपलब्धता

उत्तर: D. कुशल श्रमिकों की उपलब्धता

शब्द सीमा (80-100)

प्रश्न: बंदरगाहों और उद्योगों के साथ रेल और सड़क परिवहन को जोड़ने का क्या महत्व है?

प्रश्न: तेल भंडारण टैंकर किसी बंदरगाह या सुविधा के भीतर तेल के कुशल प्रबंधन में कैसे योगदान करते हैं?

प्रश्न: अन्य तरीकों की तुलना में पाइपलाइनों के माध्यम से तेल परिवहन के क्या फायदे हैं?

प्रश्न: तेल पाइपलाइनों पर सुरक्षा उपकरण और प्रोटोकॉल महत्वपूर्ण क्यों हैं?

प्रश्न: किसी बंदरगाह पर तेल पंपिंग प्रणाली क्या भूमिका निभाती है और यह तेल रसद को कैसे प्रभावित करती है?

प्रश्न: डिस्चार्ज सूचना के प्रभावी संचार से बंदरगाह संचालन को कैसे लाभ होता है?

प्रश्न: बंदरगाहों से बाहर आने के लिए प्रमुख सरकारी प्रक्रियाएँ क्या हैं और वे महत्वपूर्ण क्यों हैं?

प्रश्न: अनलोडिंग/लोडिंग पर लागत कारक में कौन से कारक योगदान करते हैं, और उन्हें कैसे अनुकूलित किया जा सकता है?

शब्द सीमा (180-200)

1. प्रश्न: बंदरगाहों और उद्योगों के साथ रेल और सड़क परिवहन की इंटरलॉकिंग लॉजिस्टिक दक्षता में कैसे योगदान करती है?

2. प्रश्न: तेल भंडारण टैंकरों के लिए कौन से सुरक्षा उपाय आवश्यक हैं, और वे पर्यावरणीय जोखिमों को कैसे कम करते हैं?

3. प्रश्न: अन्य तरीकों की तुलना में पाइपलाइनों के माध्यम से तेल परिवहन के प्रमुख लाभ क्या हैं?

4. प्रश्न: तेल पाइपलाइनों पर नियोजित महत्वपूर्ण सुरक्षा उपकरण और उपाय क्या हैं, और वे दुर्घटनाओं और पर्यावरणीय क्षति को कैसे रोकते हैं?